大家之家

艺术卷 1

车吉心 谭好哲 主编

泰山出版社 · 济南 ·

图书在版编目（CIP）数据

大家之家. 艺术卷. 1 / 车吉心，谭好哲主编. --济南：泰山出版社, 2020.1

ISBN 978-7-5519-0565-7

Ⅰ. ①大… Ⅱ. ①车… ②谭… Ⅲ. ①艺术家—列传—世界 Ⅳ. ①K811

中国版本图书馆CIP数据核字（2019）第166892号

主　　编　车吉心　谭好哲
策　　划　胡　威　梁晓东
责任编辑　王艳艳　袁晓虹
装帧设计　路渊源

DAJIA ZHI JIA: YISHU JUAN 1
大家之家：艺术卷 1

出　　版　泰山出版社
社　　址　济南市泺源大街2号　邮编　250014
电　　话　总编室（0531）82022566
市场营销部（0531）82025510　82023966
网　　址　www.tscbs.com
电子信箱　tscbs@sohu.com
发　　行　新华书店
印　　刷　东港股份有限公司
规　　格　787 mm × 1092 mm　16开
印　　张　12.25
字　　数　180 千字
版　　次　2020 年 1 月第 1 版
印　　次　2020 年 1 月第 1 次印刷
标准书号　ISBN 978-7-5519-0565-7
定　　价　46.00 元

编 委 会

序　言

呈现于读者面前的这套丛书命名为《大家之家》。所谓大家，即世界史上科技文化领域卓越非凡之人物，或曰伟大人物，而大家之家，乃大家曾经所居之所也。

在人类文明的发展史上，涌现出无数堪称大家的人物，他们以其令人景仰的道德品行、永载史册的丰功伟业、博大精深的文化创造，将人类历史的浩瀚长空映照得美丽璀璨。这些文明史上的大家，以各自超凡拔俗的人生业绩，在历史的舞台上展示出生命的奇迹与荣光，也铸就了人类文明的辉煌与魅力，其成就、思想与精神为后人所神往、敬仰以至崇拜，成为泽被后世的永恒精神财富。

诚如19世纪英国著名文学家、社会批评家和历史学家托马斯·卡莱尔所言，伟大人物是历史上的英雄，也是世界历史的精华，世界史上所取得的种种成就都烙刻着他们的创造，在广义上说是他们思想的外化和具体化。因此，追随大家的生命历程，与大家相识相知，以他们为人生的借镜与楷模，不仅能够领略人类文明的雄壮景观与创造精华，也能够从中获得无穷的人生教益与生命动力。卡莱尔满怀激情地写道：“对于这些伟大人物，无论你以什么方式同他们接近，他们都是你有益的朋友。一个伟大人物，尽管他并不十全十美，我们也不能小觑他，从而失去他的帮助。他是一束光，靠近他就使人愉悦欢欣。他是一束耀眼的光芒，照亮了世界上的黑暗；他绝不仅仅是一盏点燃的灯，而是一颗沐浴着上帝的恩泽而闪闪发光的明星；在我看来，这永不熄灭的光芒使人茅塞顿开，令人刚毅坚强，促人英勇崇高。在它的照耀下一切人无不感到愉快，无论何时，人们都不会因此而生倦意。”这段由衷的赞美，也正体现出本丛书为大家立传的用意所在。

当然，历史上的大家也都是尘世中人，他们之所以能够成就其人生与事业之大，不是靠神灵的独特恩宠，也不完全是靠人生的偶然与运气，而主要是靠个人的努力与奋斗。其努力与奋斗的人生轨迹千差万别难以尽述，然而又有殊途同归的相似相同之处可以言说，其中之一便是家对于人生成长与成败所具有的意义。人人都生而有家。家是生命的孕育之地，是人生的成长之所，也是生命的行走驿站，亲情、友情、爱情、乡情都会在家里留下或深或浅的印记，甚至科技发明和文化创造中的苦思与妙想、艰辛与欢欣等等，也往往冥冥之中与家有着不解之缘。因此之故，历史悠久的家会成为物质文化遗存，名人故居更是成为人们倍加珍视的一种文化遗产。这种遗产是一个国家与民族历史文化成就的重要标志，不仅对于研究人类文明的演进具有重要意义，而且对于展现世界文化多样性也具有独特作用。这又是本丛书聚焦于“大家之家”的用意所在。

“大家之家”，既是大家之故居，也是大家之精神所在，还是人们游览与精神朝拜的场所。作为一种独特的历史和文化遗存，大家故居，虽然历经时光淘洗而往往物是人非或旧貌不再，但依然记录并留下了曾居其中的大家日常生活的点点滴滴，沉淀着历史、人文、经济、社会等诸多信息，成为名人精神的象征物，具有无可替代的人文价值和历史意义。本丛书着眼于通过“家”这种有形的文化遗存，来展现人类无形的精神文化遗产，以期达成对青少年甚至一般社会人士进行优秀文化传承教育之目的，从出版的角度也是希望能够在优秀文化传承教育方面另辟蹊径，作出新的探索。

本丛书从读者易于接受的角度考虑，在书写方式上也做了大胆的尝试。全书各篇都从大家的居住之处切入历史，以专业而通俗、轻松而深刻的文字为大家作传，通过对大家的人生故事、辉煌成就及思想创造的描写与评述，带领读者走进大家的成长过程、情感世界及奋斗历程，进而走进大家的精神世界，领略其博大的思想、境界和胸怀。这种写法以“大家之家”作为精神旅游的目的地，由作者作为一个面对读者娓娓道来的精神导游者，大大拉近了普通读者与伟大人物之间的历史与精神距离，避免了读者由于学识不足或专业隔膜带来的阅读障碍。相信每一位智慧而有志向的读者都能通过书中大家的奋斗经历和辉煌业绩，获得生命启示，点燃生命激情，树立远大理想，沐浴着精神的阳光走上人生奋斗之路，攀上人生理想之巅，像书中的大家一样无愧于自己的人生之旅，绽放出生命的大美与崇高！

谭好哲

（山东大学文艺美学研究中心教授、博士生导师）

2019.7

目　录

海　顿

艾森施塔特是奥地利布尔根兰州的首府，位于音乐之都维也纳东南部。虽然这是一座仅有一万多人口的小城，但因为“交响乐之父”海顿曾在此生活而成为众多音乐爱好者心中的圣地。

1761 年，海顿被当时奥地利最有权势的艾斯特哈吉家族任命为宫廷副乐长，此后便开始了在艾森施塔特的生活。沿着狭窄的街巷，踩着石砌的路面，漫步在这座优雅宁静的小城，仿佛每一个地方都能看到海顿的身影。位于小城中心的艾斯特哈吉宫，是海顿生前工作了 30 多年的地方。它以巴洛克风格为基调，严谨的新古典风格和优雅的奥地利比德迈风格相结合，堪称奥地利最迷人的宫殿之一。艾斯特哈吉宫内真正的瑰丽所在还得属海顿大厅，这里是海顿众多作品的首演地，也是每年海顿音乐节的举办地。悠扬怡人的旋律、绚丽夺目的装饰以及华美无比的绘画交相呼应，吸引着络绎不绝的游人在此尽情享受伟大作曲家不朽的经典。

在离艾斯特哈吉宫不远的地方处有一条以海顿的名字命名的街道，海顿的故居就在这条街道上。这是一栋白色的二层小楼，海顿经常和朋友在这里举办家庭音乐会。昔日的故居如今已经成了海顿故居博物馆，博物馆里展示着海顿的钢琴、乐谱手稿、书信、演出服装等。看着这一切，仿佛那个穿着绣金花背心，戴上假发工作的海顿穿越时空站在我们面前。艾斯特哈吉宫的西边是存放海顿遗骨的贝尔格教堂。在这里，海顿曾经使用过的管风琴历经时光变迁依旧金光灿灿，奏出的圣洁乐声似乎可以穿过哥特式风格的教堂，响彻整个艾森施塔特。海顿在艾森施塔特居住期间，共创作了60部交响曲、40首弦乐四重奏、30首钢琴奏鸣曲和11部歌剧等，为这座城市增添了新的光辉。

德国作曲家瓦格纳曾评价海顿说："他追求平静和舒适的生活，并试图维持一个体面的身份，所以他被看作是一个顺从谦逊的人。"海顿虽然一生清苦，但经历过磨难和动荡后内心依然能葆有正义、亲切、幽默。他的音乐风格就和他本人一样朴实、热情、典雅，他用动听的音乐语言和积极乐观的人生态度打开了一扇通往奥地利古典音乐的大门，也打开了世界音乐的神圣大门。

被命运之手"拨弄"的童年

1732年4月1日，在奥地利南部靠近匈牙利边境的罗劳村，一个可爱的男孩儿出生了，他有着大大的眼睛，十分健康活泼。孩子的父亲是个车夫，母亲是个厨娘，夫妇俩很爱这个孩子，给孩子取名为弗朗茨·约瑟夫·海顿。"我出生在4月1日，我父亲的日记中也是这样写的，但我的弟弟米凯尔总是说我出生在3月31日。这是因为他不想说我出生在'愚人节'。"海顿曾经向他的一位朋友这么介绍自己。海顿似乎天生就带着一种幽默特质，似上帝派来的为音乐而生的"顽皮"之子。

海顿的父亲马蒂亚斯热爱音乐，但因出身贫寒无法系统地学习音乐，他凭借着对音乐的热爱成为一名民间音乐家。小海顿的童年是快乐的，家里音乐气息浓厚，父母常常与邻居一同欢唱，并且父亲在工作之余，也亲自教授小海顿弹奏一些基础的竖琴曲目。这些，显然都为海顿的童

海顿故居（奥地利艾森施塔特）

年增添了温暖的色调,也于无形之中在海顿心中埋下了一颗音乐的种子。

海顿在很小的时候就展现出了他的音乐天赋。在他 5 岁时，就已经能演唱很多歌曲。海顿的父母为了给孩子一个更好的前程，开始考虑送他离开没有任何学习音乐条件的罗劳。于是，1738 年，海顿在 6 岁时就离开了父母去往海恩堡，向他的亲戚法兰克学习音乐。

海顿在海恩堡跟随法兰克学习的日子，过得并不宽裕甚至可以说很困顿。海顿的衣服经常污秽不堪，饥饿也常常困扰着他。幸运的是，哪怕他再贫困，法兰克也竭尽全力培养小海顿。除了上课之外，法兰克还带他参与当地丰富多样的音乐活动。通过法兰克的音乐训练，小海顿很快就学会了演奏大键琴和小提琴，并且在接受了海恩堡的教堂唱诗班的训练后，被选入童声合唱团，演唱高音部分。海顿长大后，曾多次向法兰克表示感谢，感谢这位启蒙老师辛苦的栽培和教导。

“干净、纯粹！这声音真是太美了！”1739 年，在一个和往常一样的歌唱表演中，海顿的声音牢牢抓住了一位“伯乐”的心，他就是刚被任命为维也纳圣斯蒂芬教堂乐长的卡尔·洛依特。那时的洛依特正在四处寻觅新的唱诗班成员，他下乡选苗子的时候选中了海顿，就这样，小海顿随着洛依特来到了维也纳。经过几个月的培训，1740 年，8 岁的海顿通过了维也纳圣斯蒂芬教堂主考官的面试，成为维也纳圣斯蒂芬教堂的唱诗班歌童。从罗劳到海恩堡，再从海恩堡到维也纳，小海顿的生活不停地发生着巨大的变化。在维也纳，海顿和洛依特一家住在大教堂旁边。在那小小的地盘上还聚集着其他四个合唱团，可以说竞争非常激烈。平日里，海顿接受着声乐、小提琴等方面的训练。在乐团里，他展现出对学习音乐理论和钢琴演奏技巧的渴望。由于圣斯蒂芬教堂是当时欧洲的音乐中心之一，因此海顿在教堂得到了不少专业音乐人的指点，但主要还是自学。洛依特虽然将海顿带进了圣斯蒂芬教堂，但却无法在音乐理论和作曲方面对海顿提供太多帮助。海顿后来说，在唱诗班的那些年里，洛依特总共只给他上了两堂音乐理论课。海顿的教堂活动占据了他绝大多数时间，他学习音乐理论的时间和机会很有限。他试着作曲，但是作为唱诗班指挥的洛依特却忙得没有时间指导他，所以只有靠他自己揣摩。

在教会的生活不比跟随法兰克好，在经费不足的情况下，唱诗班的孩子根本无法吃饱。为了维持生计，海顿只能接受为贵族唱歌的邀请，

故居一角

因为这是唯一可以让他饱餐一顿的机会。海顿希望通过歌声来填饱自己饥肠辘辘的肚子。洛依特是个自私残酷的人，他对孩子的全部教育只是为了保证唱诗班的演唱水准，这样他才能维持很高的声誉和稳定的收入。

更不幸的事情发生了，随着身体的发育，16 岁的海顿开始变声。虽然这本来就是预料中的事，可嗓音的变化让海顿不再能唱出合唱的高音部分，从此遭到了同伴的嫌弃和欺侮。甚至有一天，女皇玛丽亚·特蕾莎向洛依特抱怨：“海顿的歌声简直就是一种喧闹。”由于没有家人的安抚和疼爱，海顿开始恶作剧。有一次，他开玩笑地剪断同学的辫子，换来的是同伴和老师们的责打。1749 年 11 月，在寒冷的初冬，17 岁的海顿被监禁了起来，随后被赶出了圣斯蒂芬教堂。衣衫褴褛的海顿在寒风中瑟瑟发抖，口袋里连一分钱也没有。流浪在大街上的海顿想起了罗劳村，那里有一大家子亲人，可海顿不忍心再回去给他们本就艰辛的生活增加负担。虽然恩师法兰克曾经给予自己教导和帮助，可他现在也不轻松，根本无力再为海顿提供帮助。看着身后圣斯蒂芬教堂关闭的大门，海顿暗下决心，必须依靠自己，闯出一片天地。

命运坎坷、四处漂泊的海顿开始了他最为艰苦的岁月。为了糊口，他尝试过多种职业，他曾做过仆人、看门人、信使、鞋匠……无论命运之手如何向他施加苦难，都阻止不了海顿对音乐的追求。好在，他遇见了生命中的另外一位贵人——约翰·迈克尔·斯潘格勒。这位同样落魄的音乐人却给予了海顿无私的帮助，不仅收留了海顿几个月，还借给了海顿一笔钱，不收利息、不限归还日期。海顿利用这笔钱，租下了一个小小的阁楼，开始了他自由音乐人的生涯。在这期间，他积极而热切地研读音乐理论，潜心钻研对位法，同时以教音乐和在教堂里当风琴手为生，后来海顿成为意大利著名作曲家尼洛·波尔波拉的伴奏者及学生，学到了正确的作曲方法。他努力学习，不断弥补着自己专业上的不足，并写下了人生中第一部四重奏和第一部歌剧。果真应了那句名言——“机会总是给有准备的人”，幸运之神终于开始青睐海顿。学会作曲的海顿陆续获得了一些贵族家族的雇用，负责教授他们音乐并为他们作曲，海顿逐渐在维也纳音乐圈崭露头角。

保有内心纯真的时光

1758 年，海顿认识了同样视音乐为生命的莫尔辛伯爵，并且非常幸运地得到人生中第一份长期工作——担任伯爵乐团的乐长。从小到大遭遇过太多世态炎凉和人情冷暖的海顿，特别珍惜这份来之不易的稳定工作。

经过不懈努力和反复斟酌，海顿在莫尔辛伯爵的别墅完成了他的交响乐处女秀。依照当时的风俗，海顿作为作曲家需要在大键琴上指挥乐团。在座的贵族嘉宾都被他丰富的感知力、娴熟的指挥技巧深深地吸引，一致认为他是乐坛的后起之秀，开始赏识并尊重他的才华。趁着这个良好的势头，海顿在受雇于莫尔辛伯爵期间，创作了多部交响曲作品，这让同期的音乐家对他刮目相看，也让他在当时的贵族圈小有名气。这时的他，在维也纳音乐圈也拥有了一席之地。

一直以来，为生活所迫的海顿从不敢奢望爱情。但随着事业的发展和生活的逐渐安定，海顿萌生了成家立业的想法。此时，聪慧而有朝气的泰蕾莎·凯勒，一步一步走进了海顿的生活，走进了他的心里。泰蕾莎是海顿的学生，和海顿一样热爱音乐。两个年轻人有着共同的兴趣和爱好，有着说不完的话。可天不遂人愿，这份爱情并没有开花结果，泰蕾莎最终选择了进修道院完成自己神圣的追求。海顿为了心中所爱，忍痛选择了放手，并无私大度地为泰蕾莎的入会仪式谱写了一首《C 大调管风琴协奏曲》。这首神圣庄严的音乐，陪伴着泰蕾莎走上将一生奉献给信仰的路。一段无疾而终的感情在伟大的音乐中遗憾落幕。后来，莫尔辛伯爵陷入财务困境，为了减少支出，不得不解散开支庞大的乐团，海顿也因此失业。

1760 年，在事业和感情的双重逆境中，海顿迎娶了泰蕾莎的姐姐玛丽亚·安娜。玛丽亚·安娜非常强势，她不喜欢音乐，没有办法理

故居阳台

解丈夫对音乐的追求，所以就常用很极端的手段折磨海顿，并且常常因为生活中一点点的不如意而向海顿发脾气。这个脾气暴躁、行为粗俗的女人时常用海顿的音乐手稿来擦拭家里的桌椅。海顿与妻子没有共同语言，也没有孕育共同的孩子，但根据天主教的规定，他们不能离婚。因此，海顿只能默默忍受家庭生活带来的不幸与折磨。

海顿在乐团解散后陷入窘境，1761 年，失业后的他选择来到艾森施塔特。当时匈牙利最有权势的保罗・安东・艾斯特哈吉亲王邀请海顿加盟自己的乐队并聘请他担任宫廷乐队的副乐长。自进入艾斯特哈吉家族之后，海顿开启了他音乐创作生涯中一个非常重要的时期，在接下来的日子里，他在一个相对稳定的工作环境里创作出大量的作品，取得了不朽的成就。保罗・安东・艾斯特哈吉亲王在海顿进入艾斯特哈吉家族工作不久后便去世了，他的弟弟尼克劳斯继位。尼克劳斯亲王对音乐的喜爱较兄长有过之而无不及，他将大量金钱投入到音乐中。海顿受到了这位新亲王的赏识，虽然此时的海顿还不是乐长，但被委以重任，负责安排整个艾斯特哈吉家族的音乐活动，并为亲王府的特殊场合创作音乐作品。1766 年，宫廷乐队的老指挥韦尔纳去世，海顿接任了他的职位。对于海顿来说，这是一个全新的起点，34 岁的他开始大量创作宗教题材的作品。尼克劳斯亲王在位时期，海顿的工作得到了亲王的高度赞赏，二人关系非常融洽。乐长的职位让海顿大展才华的同时，也让他倍感辛苦。海顿上班时必须梳辫子或者带着难看的假发，并将麝香粉扑在脸上，还必须穿着绣金马甲和白色长裤；他每天必须待在客厅里，静静等待着主人的指示，对当天的音乐活动做出安排；在创作时，必须根据主人的命题或在指定的时间里创作出音乐作品；此外，海顿还要承担监督乐队纪律、看管好每件乐器、培养新的歌手、提高乐队水平等职责。虽然整天忙碌，但海顿仍然感到孤独。他的寒苦出身和辛苦的人生经历，使他和贵族阶层不能完全融合到一起，乐队领导者的特殊身份又使他无法和普通人成为真正的朋友，因此他长期生活在一个充满落寞的世界中。尽管宫廷生活的种种约束让海顿感觉难以适应，但是他不得不屈从于现实。不过，无奈的生活并没有压垮海顿的精神和意志，海顿还是经常充满着希望，继续面对人生的挑战。在这样的情境下，海顿把他的大部分精力投入音乐创作中，一次又一次进行着前所未有的尝试。

洁净的小窗

18 世纪七八十年代，德国文化艺术界爆发了“狂飙突进运动”。“狂飙突进运动”主张艺术要表达主观情感，崇尚自然和个人主义。这场运动席卷了德国和奥地利的音乐界，许多作曲家主张在音乐中融入主观色彩，不再执着于之前流行的华丽的器乐风格。他们的作品中，不但有富有激情的歌剧、交响乐，还有奏鸣曲和协奏曲，音乐不仅气势宏伟，而且还能够表达内心的感受。

海顿是“狂飙突进运动”的发起人之一，其当时创作的不少小调交响曲，明显展示出戏剧性和强烈的情感。以他最喜欢的《第四十四号交响曲》为例，节奏强劲的开头合奏与之后小提琴优美应答形成鲜明对比，具有鲜明的海顿特征。海顿还很注重对位法的使用。从《第四十四号交响曲》中，我们不仅可以感受到优美的旋律，也感受到海顿细腻的情感世界。海顿积极跳出已有的创作局限，在自己的作品中努力呈现出各种世界的音乐图像。听众能够跟随音乐的旋律，展开想象,从而获得无尽的音乐空间。从海顿的音乐中,人们可以品味出忧郁、悲伤、快乐和兴奋等多种情绪，与此同时还能体味到海顿一贯的冷静、智慧和幽默的风格。

音乐上的创作激情没有使海顿变得浮躁，他能通过音乐抒发内心的激情，同时又能任劳任怨，勤勉稳重地进行亲王府里的工作。由于海顿在音乐上的成就，以及他的包容和乐于助人，他的朋友和崇拜者都幽默地称他为“海顿爸爸”，虽然那时他并不老。相传有一次，一位仰慕海顿名气的屠夫寻上门来，恭恭敬敬地摘下帽子，虔诚地请求海顿为他小女儿的婚礼写一首最美的小步舞曲。面对一个素昧平生且地位低下的屠夫，海顿并没有表现出一丝轻蔑，反而欣然答应了他的请求。随着屠夫女儿婚礼的日期渐渐临近，海顿精心谱写的典雅的《C大调小步舞曲》也如约完成了，屠夫欢天喜地地取走了曲谱，向海顿表示了感谢。有趣的是，这首音乐再次响起的时候，连海顿自己都差点没有听出来。有一天，海顿正专心致志地进行一首乐曲的创作，窗外震耳欲聋的音乐声让他不得不中断了工作。原来是屠夫为了感谢海顿，一群人聚集在海顿的房子周围，演奏海顿写的《C大调小步舞曲》。虽然流浪艺人们演奏的小步舞曲并不典雅，但面对屠夫的真诚之举，海顿还是笑了起来。大师的随和与善良可见一斑。

日渐成熟的音乐“顽童”

提到海顿，人们一定会不由自主地想到莫扎特。海顿和莫扎特都是奥地利著名的作曲家，前者被称为“交响乐之父”，后者被称为“音乐神童”。有人说，海顿是莫扎特的老师，其实，他们之间更接近于一种亦师亦友亦亲人的关系。虽然他们的出身、年龄有很大差距，但是对音乐诚挚的爱与敬意、对音乐与自由的不懈追求，都使他们突破身份与时间的鸿沟，成为忘年之交。

许多年前他们俩第一次会面时，这两位伟大的作曲家就已经互相有所了解。海顿的弟弟迈克尔也是一位音乐家，曾在莫扎特出生并成长的萨尔兹堡居住和工作，是莫扎特家族的好朋友。海顿除了从弟弟那里了解了很多莫扎特的信息，还看过关于莫扎特的许多报道。而莫扎特在逐渐成名之时，海顿已经成为欧洲著名的作曲家。1781 年，莫扎特摆脱对萨尔兹堡大主教的依附，到维也纳开拓自己新音乐天地的时候结识了海顿。尽管莫扎特比海顿小二十几岁，两人却一见如故，海顿肯定莫扎特的才华，和莫扎特一起讨论音乐，坦言非常欣赏莫扎特的作品。1782 年，莫扎特与韦伯的小女儿康斯丹采·韦伯结婚后定居维也纳，从此两人有更多交流的机会。两人时常聚在一起，就音乐畅所欲言并切磋技艺。被誉为“交响乐之父”和“弦乐四重奏之父”的海顿，亲切又无私地传授给莫扎特交响曲和四重奏的写作方法，这为莫扎特的音乐创作提供了帮助。格外尊重海顿的莫扎特为了表达对海顿的敬意，创作了 6 部杰出的弦乐四重奏献给海顿。海顿在帮助莫扎特的同时也从莫扎特那里学到了不少东西，并体现在了自己的创作中。1785 年 2 月 11 日，海顿加入了维也纳共济会所，与莫扎特一起成为该组织的成员，这进一步加深了两人的友谊。胸襟宽阔的海顿除了在音乐创作上帮助莫扎特成长，还在莫扎特的音乐前途上，给予了莫大的关心和支持。莫扎特由于恃才傲物得罪了很多贵族和同行，经常受到排挤。作为朋友的海顿时常为莫扎特

安静的小门

的遭遇鸣不平，并且向音乐界的大人物们推荐莫扎特，为了使莫扎特的才华不被埋没，他甚至情愿贬低自己的成就来衬托莫扎特的音乐光芒。

1790 年，艾斯特哈吉乐团的主人尼克劳斯亲王病逝，安东亲王继位。安东亲王不太热衷音乐，解散了乐队，海顿亦离开亲王家前往维也纳。在维也纳，海顿与英国小提琴家所罗门相遇，并在所罗门的邀请下一起前往伦敦，担任所罗门定期演奏会的作曲家与指挥。1791 年至 1795 年间，海顿共两次前往英国并创作出其音乐生涯中最后的交响曲作品——《伦敦交响曲》。《伦敦交响曲》是海顿创作的 12 首大型交响曲的总称，堪称巅峰之作。从 1759 年的第一部交响曲到 1795 年最后一部交响曲，他不断学习探索，完善自己的技巧。海顿的大众风格借鉴了奥地利和克罗地亚的民间音乐元素，在结构宏大的作品中融入民乐，加强作品的稳定性，在迎合广大听众口味的同时又不乏学院派的严谨。海顿在继承作曲家成就的基础上，经过自己数年的丰富实践和探索，不仅开创了属于自己的独特音乐风格，还使这种富有戏剧性的大型器乐题材的最高形式——“古典交响乐”得以完整、成熟，并达到定型化、规范化，为古典交响曲风格的形成和莫扎特、贝多芬交响乐创作的发展奠定了坚实的基础。《伦敦交响曲》代表着海顿音乐生涯的最高水平。他在这首乐曲中将交响乐四个乐章的性质和曲式最终确立下来：第一乐章，奏鸣曲式快板；第二乐章，慢板或行板，奏鸣曲式或变奏曲；第三乐章，开朗幽默、带有三声中部的小步舞曲；第四乐章，快板或急板，回旋曲式、奏鸣曲式或回旋奏鸣曲式。四个乐章的套曲结构既体现了作曲家统一的构思，又分别展示出生活的不同侧面，无论在思想内容上还是形式结构上，都达到了完美统一、炉火纯青的程度。

《伦敦交响曲》虽然属于海顿同时期内的集中创作作品，但每部都有自己独特的个性和风采。《第九十四交响曲》应该是《伦敦交响曲》中最负盛名的一部，堪称海顿晚年作品中最著名的交响曲之一，这首曲子的创作过程完美展现了海顿的“顽童”个性。在 18 世纪，所谓“高雅”的音乐只是为皇室和贵族阶层服务的，因此来现场听演奏的观众都是贵族。他们虽然穿着打扮十分光鲜亮丽，但其实并不真正在乎听的是什么，他们只是想借用海顿的名声来炫耀自己有着很高的音乐品位。在音乐会进行时，很多人往往心不在焉，还不时窃窃私语，根本没几个人在认真品味音乐的内涵，当然也并没有尊重音乐家的表演，更有甚者，竟然在音乐会的现场打起了瞌睡。这样的场景几乎出现在每一场音乐会上，让视音乐为生命的海顿心生反感。海顿之前一直为亲王服务，他的音乐一直被重视和欣赏，如今面对这种忽视作曲家尊严的行为，他无法坐视不管，于是海顿决定写一首特别的曲子，作为一份特殊礼物送给那

故居小院

些心不在焉的人，这就有了《第九十四交响曲》。海顿对这首曲子进行了独特的处理。在第二乐章中，乐曲先以极弱的力度演奏主题，随后立即迸发出一个和弦加定音鼓的全奏，以此营造出极具反差的强有力的对比。尽管这样的技巧在此后的交响曲创作中屡见不鲜，但海顿是最早的尝试者。1794 年，海顿再次来到英国为《第九十四交响曲》进行宣传。演奏当天不少人慕名而来，海顿一如往昔地向观众微笑致意，然后转身指挥乐队开始演奏。一开始，轻柔的小提琴声响起，犹如一首摇篮曲，在这样柔和的曲调下，一些贵族淑女开始昏昏欲睡了，这正好中了海顿的“小圈套”。突然，整个乐队开始了慷慨激昂的演奏，震耳欲聋的声音把台下的女士惊醒，大惊失色的她们不知道发生了什么事情，慌成一团，有的甚至跌跌撞撞地逃向大门，场面非常滑稽有趣。《第九十四交响曲》一举成名，也被人们称为《惊愕交响曲》。后来的事实证明海顿的这部《第九十四交响曲》非常受欢迎，尤其是第二乐章，演出时这个乐章时常会应听众要求再次演奏。

《伦敦交响曲》是音乐史上不可忽略的一部重要作品。通过其作品，海顿表达出对新兴市民阶级的热爱，对平等、自由、博爱生活的向往。这无疑让海顿的音乐向更高层次迸发，也让他在欧洲古典音乐史上成为一个不可忽视的人物。

最接近天堂的幸福时刻

海顿曾说：“在我的生命中，从没有一个时候比在谱写《创世纪》的时候更接近神，仿佛神永远与我同在。”

1793 年 8 月 14 日，退休后的海顿在奥地利布尔根兰州的首府艾森施塔特购买了一所房子，他从 1797 年直至去世都居住在此。12 年间，海顿依旧保持着创作热情，为音乐世界创造出绚丽多彩的瑰宝。此阶段的代表作有著名的《创世纪》《四季》以及《天佑吾王弗朗茨》,其中《创世纪》是在著名作曲家亨德尔的感召下完成的。1791 年，海顿前往英国发展时，正值亨德尔音乐节，当地正在隆重上演亨德尔著名的清唱剧《弥赛亚》。当第二幕那首宏伟壮丽的《哈利路亚》结束时，那“来自天国的歌”、直抵内心的音乐令海顿感动不已，年近 60 岁的他激动得突然振臂高呼，接着，便如同小孩子一般哭泣起来。自那以后，海顿便决定投入清唱剧的创作。海顿花了大约三年时间（1796—1798），怀着对造物主的崇敬和对生命及大自然的憧憬完成了《创世纪》，并在 1799 年首演，引起轰动。保罗·亨利·朗在《西方文明中的音乐》一书中称《创世纪》是“清唱剧历史上的里程碑作品”，“世界的美妙事物开口向我们诉说。海顿能够在音乐中以最诚挚的新鲜口吻表达他的宗教感情，因为他的信仰与他音乐中的对象达至同一”。[①]《创世纪》是海顿最辉煌、成就最高、最震撼人心的作品，与亨德尔《弥赛亚》、门德尔松的《伊利亚》并称为古典音乐史上三大清唱剧。

完成《创世纪》以后，海顿将大量的精力放在另一部清唱剧《四季》的创作上。尽管海顿在创作时遭遇了不少困难，但是《四季》清新、有灵性的风格吸引了不少人。海顿众多弦乐四重奏代表作之一的《天佑吾王弗朗茨》也叫《皇帝四重奏》，是弦乐四重奏历史上最经典的作品之一。《皇帝四重奏》是海顿受匈牙利的约瑟夫·厄多迪伯爵的私人委托而创作，并以伯爵的名字而命名的，一直被认为是海顿最完美的作品之一。

1808 年 3 月 27 日，《创世纪》首演十年后，维也纳大学音乐厅举行了一场盛大的演出，演奏海顿的经典之作《创世纪》。垂暮之年的海顿坐着轮椅被友人推进会场。伴随着响亮的号角声和鼓声，海顿受到了贝多芬、萨列里以及其他音乐家和贵族成员的欢迎，这让他非常感动。听众们在听到第二曲时就纷纷起立鼓掌喝彩，行动不便的海顿艰难地站起身来用手指向天空说：“这曲子是从那儿来的。”显然，在他心中，此时是他的音乐最接近于天堂的时刻。

---

① 朗. 西方文明中的音乐[M]. 顾连理，张洪岛，杨燕迪，等译. 贵阳：贵州人民出版社，2009：559.

故居花园

在人生最后的几年中，海顿过得并不轻松。一方面，由于病情加重，他虚弱、头晕，无法集中精力并且双腿肿胀，导致他几乎无法创作。这对于海顿来说是极其痛苦的，因为在他的脑海中，新的音乐灵感依旧不断地在涌现。另一方面，祖国在遭受危难，有着浓厚爱国情怀的海顿饱受精神摧残。即便如此，海顿仍然微笑着面对命运，乐观而温和地安慰仆人们："有海顿的地方就不会有不幸。"他经常坐在钢琴旁演奏《天佑吾王弗朗茨》来寻求精神安慰。1809 年 5 月 31 日午夜后，海顿在拿破仑的军队进攻维也纳的隆隆枪炮声中闭上了眼睛，享年 77 岁。在 6 月 5 日举行的正式葬礼上，法国军人同维也纳群众一起伴随着莫扎特所作的《安魂弥撒曲》，向伟大的"海顿爸爸"做了最后的告别。

海顿的一生一直保持着高昂的创作热情，共创作了 104 部交响曲、77 个弦乐四重奏、180 个三重奏、50 首钢琴奏鸣曲、14 部歌剧、2 部大提琴协奏曲和 2 部清唱剧，除此之外，还有大量的小声乐和器乐作品，为整个音乐世界带来了一批脍炙人口之作。海顿的作品与奥地利民间音乐有着紧密的联系，音乐既呈现出纯朴、明朗、幽默和乐观主义的风格，又不乏高贵的气质，这使他成为维也纳古典乐派的奠基人。海顿被公认为“弦乐四重奏之父”和“交响乐之父”，确立了“弦乐四重奏”和古典“交响曲”的结构形式，把交响曲固定为四个乐章形式，以完整的交响乐队编制进行配器，为近代交响乐的发展奠定了基础。他还是钢琴协奏曲和钢琴三重奏的开创者，不仅发明了奏鸣回旋曲式，还将奏鸣回旋曲式从原来简单的“两步式”改进成为一种精巧灵活的风格。除此之外，海顿还是第一个将赋格和对位法引进古典音乐的杰出作曲家，为莫扎特、贝多芬等后辈的艺术道路做了很好的铺垫和辅助，他无疑是音乐史上里程碑式的伟大的音乐家。“对生活的热爱、健康的情调、明晰的表达、纯净的感觉、高贵而深刻的情愫、无穷的幽默、无可挑剔的技艺，这些均是海顿的艺术特征。我们应珍视海顿，因为他所具有的特点在现今的艺术中已难以见到。”①

轻轻地，时光随着白云飘走。如今，我们站在海顿故居的门前，看着眼前这座普通得不能再普通的两层质朴之居，想象《创世纪》和《四季》这两部旷世杰作在此诞生的奇妙过程，仍然觉得不可思议。这个早年被命运之手无情拨弄的孩子，这个一直保持音乐初心的青年，这个誉满欧洲可还具有顽皮童心的男子，这个日渐衰弱却忠心爱国的老人，这个遵从自己内心、一世追求自己音乐理想的音乐“顽童”……他们都有一个共同的名字——弗朗茨·约瑟夫·海顿。

（撰稿：邓雅丹）

---

① 朗. 西方文明中的音乐[M]. 顾连理，张洪岛，杨燕迪，等译. 贵阳：贵州人民出版社，2009：560.

参考文献

歌德施密特 . 德国音乐 [M]. 北京：音乐出版社，1959.

格劳特，帕利斯卡 . 西方音乐史 [M]. 王启璋，等译 . 北京：人民音乐出版社，1996.

朗 . 西方文明中的音乐 [M]. 顾连理，张洪岛，杨燕迪，等译 . 贵阳：贵州人民出版社，2009.

皮波人物国际名人研究中心 . 中小学课本里的名人传记丛书——海顿 [M]. 北京：国际文化出版公司，2018.

夏天月 . 海顿音乐风格及其形成原因 [J]. 北方音乐，2015（2）.

周薇 . 西方钢琴艺术史 [M]. 上海：上海音乐出版社，2003.

曾杰 . 古典清唱剧的里程碑：海顿《创世纪》初探 [J]. 天水师范学院学报，2014（3）.

莫扎特

萨尔兹堡是奥地利历史最悠久的城市之一，位于奥地利的西部、阿尔卑斯山北侧的山麓地区，北面是马特湖和瓦勒湖，东面是沃尔夫冈湖。绵延美丽的萨尔兹河穿城而过，将这座音乐之城分为新旧两城。遍布小镇的巴洛克风格的古宅、四处林立的教堂，更为此处增添了一抹神秘。1756 年，沃尔夫冈·阿玛多伊斯·莫扎特就出生在这里。他 36 年的短暂生命中有超过一半的岁月是在萨尔兹堡度过的。

置身于这座城市，经过莫扎特胡同、莫扎特陡坡和莫扎特小道，走到竖立着莫扎特纪念碑的莫扎特广场，再经过阿曼德咖啡馆和沃尔夫冈乐趣旅店，还有午夜小蜡像馆、萨拉斯特罗肉铺，我们最终来到莫扎特故居——萨尔兹堡老城区粮食胡同 9 号。一座抢眼的黄色建筑坐落在此,墙面的上方挂着竖琴形的音乐标识，旁边红白相间的奥地利国旗随风飘扬，宣示了此处的与众不同。外墙上白色的艺术字表明了该建筑的身份——莫扎特出生地博物馆。莫扎特的父亲利奥波德·莫扎特是一位小提琴家，他们一家从 1747 年开始居住在这栋楼的三楼。三楼大厅挂有莫扎特家族的画像，房屋内还展示着莫扎特的亲笔书信以及乐谱。博物馆一楼的主卧室内展示着莫扎特少年时期刻苦练习时使用的小提琴、乐谱，二楼展示着莫扎特的家谱以及他为歌剧《魔笛》所描绘的舞台蓝图。

莫扎特自出生之后直到 1781 年离开萨尔兹堡，都居住在这里。他的童年和青少年时代都是在此处度过的，因此博物馆内处处都有莫扎特生活过的印记。他在这所房子里写下了许多伟大的音乐篇章，包括交响曲、嬉戏曲、小夜曲、钢琴曲和小提琴协奏曲以及众多的宗教音乐作品等。因此，萨尔兹堡不仅是莫扎特的出生之处，也是莫扎特音乐之路的起点。

在莫扎特生活的年代，萨尔兹堡还不属于奥地利，只是世界地图上偏僻的一隅，而如今的萨尔兹堡已经成为奥地利第四大城市。因为莫扎特，世界上数不胜数的乐迷来到此地，向他们心中的音乐天才表达敬仰与怀念，进行音乐的朝圣。然而当年的莫扎特厌恶甚至憎恨萨尔兹堡，他在书信中说：“萨尔兹堡这样的地方对我这样的天才来说，是块伤心地！首先，这里的人们并不崇尚音乐；其次，人们也没有什么可去欣赏的，因为那里既没有戏院，也没有歌剧院！就算真的要上演一场歌剧的话，又有谁能够登台演出呢？”事实上，在当地侯爵遵从约瑟夫二

莫扎特故居（奥地利萨尔兹堡）

世的旨意废弃了原皇家剧院之后，莫扎特就将此形容为“文化的坍塌”。1781年，这位年轻却注定伟大的音乐家略带伤感地离开故乡萨尔兹堡，到了他心中的音乐圣地维也纳定居，成为一名“自由音乐家”，那年他才25岁。此后，莫扎特仅在第一个儿子莱蒙·利奥波德1783年出生之后，携妻子康丝坦策回到过家乡萨尔兹堡，还在故乡的圣彼得大教堂演出了自己的一部宗教性杰作《c小调弥撒曲》。演出后第二天，莫扎特就与妻子前往林茨，从此以后再也没有回到过自己的家乡。

那时的莫扎特并不会知道自己对未来的萨尔兹堡意味着什么，然而百年之后，他依靠自己的作品和才华真的成了父亲曾经期盼的“萨尔兹堡的奇迹”。德国作家哈罗尔德·C.勋伯格在《伟大的作曲家的生活》一书中评价这个来自萨尔兹堡的小个子：“他的音乐，比起巴赫来更富于变化，比起贝多芬，则又多了几分高贵。迄今为止，他可以被视为我们所知道的世界上最完美、最训练有素，且最具天赋的音乐家。”①他不到36年的短暂的一生，犹如流星般划过，将充满光明与温暖的音乐留给世界，也在世界上点亮了萨尔兹堡这盏灯。

神童的诞生

莫扎特是世界音乐史上公认的“惊叹世界的神童”。这个标签跟随了莫扎特的整个童年，他长大成人之后，许多贵族甚至奥地利的皇帝约瑟夫二世，仍然记得这个曾经坐在钢琴面前“耍杂技”的小孩子。

在莫扎特出生之前，他的姐姐娜奈尔在10岁时的演奏水平就已经达到年长她20岁的专业演奏家的演奏水平，也因此曾被称为“音乐神童”。莫扎特在很小的时候就显露出了他的音乐天赋。3岁的他跟随姐

① 勋伯格. 伟大作曲家的生活[M]. 冷杉，侯坤，王迎，等译. 北京：生活·读书·新知三联书店，2007：101.

姐一起上音乐课时，几乎立刻就能凭记忆弹奏中场休息音乐的三分之一或六分之一。4 岁时，他已经可以仅凭记忆准确无误地弹奏许多短小的音乐片段；在没学过小提琴的前提下便可以准确无误地用自己的儿童小提琴演奏出乐谱上的曲子，并在之后的一年内开始作曲。5 岁时，他完成了他的首部作品《C 大调钢琴行板》，还能准确无误地辨明任何乐器上奏出的单音、双音、和弦的音名，甚至可以轻易地说出杯子、铃铛等器皿碰撞时所发出的音高。7 岁时，他就能分辨小提琴的音准，而结果与测验校对完全一致。14 岁时，他在西斯廷教堂内听了作曲家阿莱格里的著名的九声部双合唱《求主怜悯歌》后，就能凭借超人的记忆默写出全部多声合唱的总谱。这些特质让小莫扎特拥有了神圣的光辉，让许多成年人相信他就是音乐神童，也让莫扎特更加出类拔萃。

莫扎特的父亲利奥波德·莫扎特不仅赋予了莫扎特生命，还用尽自己的心血挖掘他的音乐才华。1719 年，利奥波德出生于奥格斯堡，在城里的耶稣会学校里完成了早期的音乐教育，毕业后举家搬到萨尔兹堡。在大学期间，他原本主修的是哲学和法律，但在学习过程中，发现自己对音乐的兴趣日渐浓厚，于是后来把重心慢慢转移到音乐上面。通过长期的努力学习与个人奋斗，利奥波德最终成为萨尔兹堡亲王兼大主教府的宫廷小提琴手和宫廷作曲家。由于父亲利奥波德职业的原因，莫扎特家庭中的音乐氛围十分浓厚。利奥波德经常在家中与朋友一起排练曲目，或者举办小型家庭音乐会。这种“润物细无声”式的音乐熏陶在小莫扎特的心中埋下了一颗音乐的种子。除此之外，利奥波德作为启蒙运动的倡导者，很注重对孩子的音乐教育，于是在小莫扎特初次显露音乐才华之后，他便把自己全部的精力投入到培养小莫扎特的音乐才能中，并开始用心规划他的音乐人生。

对于音乐家来说，敏感的听力是极为重要的，因此利奥波德在莫扎特很小的时候就用多种方法对其进行辨音训练。他曾用不同声音的刺激去试探小莫扎特的反应：钟摆、八音钟等不同的乐器或者变化的人类声音。这种近乎苛刻的训练，极大提高了小莫扎特对于声音的敏感性，也给莫扎特的心中留下了难以抹去的阴影。小号的声音高亢而具有威慑力，极似发号施令的长官，莫扎特惧怕小号的声音，并且在 10 岁之前都拒绝学习吹奏小号，或许莫扎特自身都未必意识到，这是他对父亲发自内心的抗拒。

利奥波德期望通过自己的努力让世界看到这个“萨尔兹堡的奇迹”，让这个来自小镇的音乐神童可以成为名满四方的音乐大师。利奥波德决定带领 6 岁的莫扎特到慕尼黑、维也纳等地进行试验性的巡回演出。此次巡演大获成功，莫扎特赢得了来自成人世界的赞美与喜爱，其“音乐神童”的名声传播得更远。在此之后，利奥波德开始带领莫扎特到欧洲各国进行巡演。据统计，从 1763 年 6 月到 1773 年 3 月的近 10 年间，他们先后到了德国、比利时、法国、英国、荷兰、意大利等国，在各处的演出均获成功。

然而在荣誉与掌声的背后，是父亲对儿子极度严格的教导与考验。父亲为凸显莫扎特音乐神童的特质，经常会让他做一些有难度的表演来满足观众们对于音乐神童、天才的好奇。比如让莫扎特当场演奏从未接触过并且技巧难度超高的曲子，或是根据听众随机要求的几个音即兴作曲，又或是用布遮住琴键来表演曲目以及用各种乐器展示莫扎特超凡的音乐能力等特技似的表演。人们赞赏他的音乐才华，称他为“音乐神童”，沉迷于小孩子的灵气之中。面对长途的奔波以及有难度的表演，莫扎特从未表现出厌倦和疲惫，相反，年幼的莫扎特的眼睛里永远充满着纯真与快乐。这个孩子似乎就是为音乐而生的。

对于音乐天才来说，莫扎特是幸运的，因为他的父亲循循善诱，要求虽严格但没有采用呆板的教学方式，而是让莫扎特充分地发挥音乐天赋；对于一个普通的孩子来说，莫扎特又是不幸的，因为他过早地进入成人的世界，渴望人们的赞美与爱护，但内心又有强烈的不安。这种不安全感源自父亲。他严格到近乎无情的教育方式，使莫扎特既爱戴父亲，又像惧怕小号的声音一样惧怕着父亲。而父亲似乎只关注莫扎特在音乐方面的发展，忽视了对莫扎特自理能力的培养。因此在音乐世界之外，

故居内景

莫扎特自身性格上的不切实际、傲慢、冲动等缺点，不但造成他日后生活上的困难，更成为他与父亲关系紧张的祸因。他似乎是一个长不大的孩子：他与父亲的关系日益紧张，结婚时也未通知父亲；在生活上肆意挥霍，以至于生活拮据，连父亲的葬礼都未能参加；纯真、不懂人情世故，不愿向贵族低头，只想自由地创作音乐……

莫扎特是被音乐选中的孩子，一旦音乐响起，掌声响起，周围一切的烦恼便都不见了，他又开始了激情的音乐创作。人们越来越不吝于用“天才”去称呼他，甚至在电影《莫扎特传》中，意大利音乐家萨列里不止一次地表现出对莫扎特音乐才华的嫉妒，他质问上帝的不公，为何上帝只给他鉴赏伟大音乐的能力却不给他创作同等作品的才华。上帝是如此偏爱莫扎特，像是贴在莫扎特的耳边将美妙的曲子都告诉了他，而莫扎特所做的似乎只是记录下来而已。莫扎特自身的音乐禀赋的确是十分闪耀的，除了孩提时期受到父亲严格的音乐训练外，他的一生从未得到过正规教师的音乐指导。这样的天赋的确让他人难以望其项背，因此人们也往往忽视了他作为“天才”的勤奋与努力。在莫扎特的时间表中，几乎多数时间都被他用来思考和创作。有时候他沉浸其中，对身边所有事情甚至自己的健康都毫不关心。正是这样的忘我投入，才使得莫扎特短暂的一生中拥有了那么多他人无法企及的音乐成就。他不愧为西方音乐史上的一座丰碑。

音乐的云游

18 世纪末的萨尔兹堡在严肃且高傲的科洛雷多大主教的统治之下，是一个宗教氛围浓厚的地方。镇上布满巴洛克风格的教堂，宫廷主导着音乐创作环境，作曲家必须配合种种宗教仪式的要求，创作弥撒曲、教会奏鸣曲、清唱剧、奉献曲以及经文歌，只能在很狭窄的范围内发挥其音乐创作的才华。对于整个欧洲的音乐圈来说，萨尔兹堡只是极偏僻的一隅。然而要做一位伟大的音乐家，音乐作品是不能仅仅局限于萨尔兹堡风情的。于是在莫扎特幼年时，父亲利奥波德就让他学习过一些关于法国、意大利等国家的作品。这让莫扎特潜移默化地接触到欧洲不同国家的音乐风情。经过父亲悉心的栽培，4 岁的莫扎特就已经能够熟练地用羽管键琴和小提琴流畅地进行音乐创作，表达自己的内心情感。莫扎特涉猎多国曲风，让他在不到 6 岁时，就为将来能成为一个国际化的音乐大师奠定了扎实的基础。

故居前门

7 岁之后长达 10 年的欧洲之旅，既是音乐之旅，也是学习之旅，让年轻的莫扎特不仅熟悉了当时欧洲音乐创作的体裁与风格，而且接触到了意大利和法国的歌剧，甚至对德国的器乐也有了更深的认识。同时莫扎特也有机会在不同的国家结识了当时极有才华的音乐家们，并且跟他们学习到了音乐创作技巧，对其日后艺术创作风格产生了极为深远的影响。10年间，莫扎特不断汲取欧洲多国优秀的音乐养分，为成为一名音乐大师奠定了良好的基础。

其间，莫扎特三次往返于奥地利和意大利间进行巡演和学习，这对他的音乐创作产生了尤为重要的影响。18世纪的意大利，是欧洲大陆音乐界的风向标，在音乐的各个领域都有举足轻重的地位。从正歌剧到喜歌剧，从器乐到声乐，意大利都拥有当时最顶尖的人才，米兰、那不勒斯是歌剧创作的重镇，威尼斯更是小提琴学校的发源地，因此许多意大利的音乐家都成为欧洲宫廷中备受瞩目的明星，如在维也纳的萨列里、在伦敦的柯列门蒂等。而对于许多年轻的音乐家来说，这里是梦想的进修之地。1769年，莫扎特首次回到萨尔兹堡并担任大主教府的乐团首席。同年12月，父亲带着莫扎特首次奔赴意大利，在米兰等地上演了他的歌剧《本都国王米特里达特》，大获成功。这个时候的莫扎特只有13岁，意大利的人文与音乐氛围为他提供了一次绝好的学习机会。莫扎特在此聆听了最好的音乐，受到了众多音乐家的影响。在博洛尼亚，由伟大的教师、哲学家、数学家及作曲家马蒂尼主持的爱乐学院，是当时最有权威的教学中心。莫扎特在此学习对位法并在1771年获得了爱乐学院颁发的证书。除此之外，在意大利的巡演过程之中，莫扎特也通过与演唱歌手们的频繁接触及从他们美妙的歌声之中意识到，自己心中一直想要追求的是演唱的美感而不是单纯的器乐演奏，所以，他在歌手演唱的旋律之中恣意想象并将创作的重心转向了歌剧。他在意大利当时歌剧不断崛起的背景之下，发现生活才是歌剧创作真正的生命源头。

为了争取人身与创作自由，重新开始音乐之旅，1777年3月，已经成为萨尔兹堡宫廷乐师的莫扎特向大主教科洛雷多伯爵请辞，结果遭拒。同年8月，莫扎特再次请辞。在最后的请辞信中，莫扎特向大主教讲述了基督教福音书中记载的天才故事，并向他坚决地说道：“您在3年前还亲口对我说，我对留在这里勿要抱太大希望，最好还是到其他地方寻找发迹的机会。”[1] 此时的大主教也已经明白，10 年的泛欧洲行之后，宫廷之中已没有哪一位乐师能够达到莫扎特的水准，此时的莫扎特更想去外面的世界闯荡。因此，大主教最终同意了他的请辞。

辞掉宫廷乐师职位的莫扎特被允许外出“寻找幸福”，但却不允许其父亲利奥波德与他一起外出，于是只好由母亲安娜·玛利亚·莫扎特陪同。在母亲的陪同下，莫扎特再次踏上音乐之旅，去萨尔兹堡外面的世界闯荡，然而此次旅途却不像他想的那般顺利。

在慕尼黑与奥格斯堡两地，他最终也未能获得任何职位，只碰了一鼻子灰。莫扎特深刻地明白了时代的变化、资本主义市场的残酷。几经周折，莫扎特一行来到了曼海姆，并在这里待了较长时间。虽然寻求职位一直未果，但莫扎特结识了许多当地的歌唱家。这些歌唱家都在其日后的歌剧中担任了重要的角色。

曼海姆的文化氛围非常浓厚，吸引了许多知名的音乐家前来。曼海姆乐队就是由当时的知名作曲家约翰·施塔米茨创建的一支优秀的宫廷乐队。在那时，这个乐队就已经有了现代交响乐团乐队指挥的角色。施塔米茨的继任者约翰·克里斯蒂安·坎纳比希甚至被莫扎特称为最好的乐队指挥。曼海姆乐队用高超的演奏技巧创作出许多不朽的音乐作品，影响极为深远。其演奏风格轻快、活泼，年轻的莫扎特在与曼海姆乐队的接触之中，对配器技巧有了新的感悟。

莫扎特在曼海姆汲取着自己所需的音乐营养，尽管他所求的职位仍旧没有着落。日益窘迫的经济情况让莫扎特父子二人的关系开始变得紧张，但莫扎特仍期待有机会大展拳脚，期望能在进行艺术创作的同时，也能为家庭解决经济问题。此时的莫扎特仍带着神童式的高傲姿态，别人对他稍有侮辱他就会进行激烈地反击，这使得他不能成为取悦上级及

① 瓦格纳. 沃尔夫冈·阿玛多斯·莫扎特：作品和生平[M]. 付天海，傅琪，译. 北京：中央音乐学院出版社，2006：66.

故居陈设

贵族的好下属、好仆人。萨尔兹堡外面的世界原来并没有他所想的那般轻松与舒适。神童的光环逐渐消逝，莫扎特也已经长大。

1778 年，时隔 15 年之后，万般无奈之下，莫扎特又一次来到了巴黎。他在与父亲的通信中表达了这次巴黎之行产生的疏离感：“法国人已不再像我 15 年前在这里时那么彬彬有礼了。他们的态度差不多是粗鲁放肆的。”①此外，这时巴黎的格鲁克派别和普契尼派别正在进行一场激烈的争论，这场争论主要围绕今后的歌剧舞台应选择法国悲剧性的抒情歌剧，还是意大利轻松明快的喜歌剧展开。这场争论进行得如火如荼，莫扎特却对此事毫不关心。这种态度让莫扎特的赞助人梅尔西奥・格里姆男爵很不满意，他希望莫扎特能够表明自己的态度，主动地参与进去，最好能够支持普契尼和卡里巴尔蒂。然而莫扎特却对此毫无兴趣，甚至略带鄙夷。很明显，15 年过去，莫扎特与他的赞助人格里姆男爵在音

① 西格尔特. 莫扎特画传 [M]. 杨建明，王金玲，译. 济南：山东画报出版社，2003：63.

乐等观念上已经产生了分歧。尽管此次巴黎之行不如人意，莫扎特还是有收获的，他学习了许多关于歌剧美学的知识，将奏鸣曲进行了改革并创作了《a 小调钢琴奏鸣曲》，这不仅扩大了听众的范围，同时也拉近了音乐与市民阶层的距离。

在巴黎的逗留仍然没有让莫扎特找到适合自己的职位。他从一开始就不喜欢法国的一切，认为这次巴黎之行是没有任何价值的，而此时，母亲在巴黎突然离世。这位慈爱的母亲无微不至地照顾着儿子的起居，却在异乡离开了她疼爱的儿子，离开了这个世界。心灰意冷、万般悲痛的莫扎特只能如同一只战败的公鸡，又一次踏上了返回故乡萨尔兹堡的归途。

尽管此次欧洲之行并没有让莫扎特得到大展身手的机会，但不容否认的是,在欧洲音乐探索的经历对莫扎特的音乐风格产生了深远的影响。这些经验的积累与眼界的提升，都让这位来自萨尔兹堡小镇的年轻的音乐家对更广阔的音乐天地心生向往。那颗向往自由的种子，在他的心中慢慢生根发芽。

故居厨房

自由的音乐人

1779 年，莫扎特从巴黎败兴归来，沮丧至极地回到了故乡萨尔兹堡。此时的他不仅承受着失去母亲的悲痛，还面临着生活的压力。之前为了得到这次云游欧洲的机会，他辞掉了宫廷乐师的职位。然而此时在万般无奈之下，他又一次听从父亲的建议，重回宫廷，重新回到大主教身边去寻求一个安稳的职位。在父亲的请求之下，莫扎特得到了宫廷乐队管风琴师的职位，他又一次回到了需要向主人效劳、服务的仆人身份。然而，每当受邀外出表演结束之后，莫扎特便如同从笼中飞出的小鸟，不愿归来，一次又一次推迟回萨尔兹堡的日期。在莫扎特心灵的深处，对于萨尔兹堡的生活与宫廷里的职位依旧没有兴趣。

18 世纪末是启蒙的时代和狂飙突进的时代，因此对于从小就云游欧洲、结交知识分子的莫扎特来说，音乐家被当成宫廷的仆人和教会的工具都已经是不可接受的事情了。他相信人不能仅从出身来判定身份的高低贵贱，人们要有勇气去推翻封建专制和教会。这些思想对于大主教来说，自然是不可容忍的。于是在几次出入宫廷之后，莫扎特与大主教之间的矛盾便再也无法缓解了。这位期盼自由的音乐家又一次打算离开这个他认为并没有给他应有尊重的地方，尽管这里是他的故乡。

莫扎特在与父亲的通信之中，不断地向父亲描述宫廷里的生活。因为仆人的身份，他在大主教那里受尽委屈，在递交辞职申请书时，大主教还朝他屁股上踢了一脚。他与大主教的情谊彻底破裂了，他甚至将大主教称为“最大的障碍”。莫扎特最终于 1781 年离开了故乡。而这一离去，使他不仅成为略带悲情色彩的异乡人，也使他成为奥地利历史上第一个有勇气寻求自由的音乐家。他有勇气为了作曲家的尊严摆脱教会的束缚，追求自由创作，这不仅是因为他受到了启蒙思想的影响，更是因为其作为一个为音乐而生的天才，脑海中的旋律驱使着他奔向音乐王国。只有这样，他才能成为真正自由的音乐家。莫扎特将他实现自由的地方选择在了维也纳。在维也纳的10年，成为莫扎特创作生涯中最为重要的10年，在这里他的命运发生了巨大的转变。

彼时的维也纳，约瑟夫二世正在推行他的新政策，试图改变矫揉造作的旧礼仪，将德语确定为官方语言，期望建立一个真正的国家歌唱剧团……然而此时的贵族认为说法语才是高贵的，而歌剧就应该使用意大利语。除了贵族的阻挠之外，约瑟夫二世的新政策还遇到了更为棘手的问题，那就是没有音乐家能够演出高质量的德语歌剧。当时维也纳上演的绝大多数歌剧都是法国喜歌剧或是意大利谐歌剧这些外来品，即便上演德语歌剧也只是将它们译为德语进行演出，这让音乐家们颇感头疼，即使是当时有名的意大利音乐家安东尼奥·萨列里也难以胜任。而这一切对于别人来说是困难，对于初来乍到的莫扎特来说却是一个绝好的机会。于是年轻的天才音乐家莫扎特欣然接受邀约，选用《后宫诱逃》作为脚本，并在原有基础上做了很大的改动。虽然在排练过程中遭遇到贵族的阻挠，但《后宫诱逃》仍在1782年上演，并大获成功。

就这样，莫扎特创作了一部属于自己国家的歌剧。它不仅是他的德语歌剧曲目中最受欢迎、最有影响力的歌剧之一，同时也是他最为重要的歌剧作品之一。它将莫扎特的名字传遍欧洲德语系的各个国家，莫扎特名气大增。1783年，在城堡剧院举办音乐会的时候，连皇帝都出席观赏。他成为维也纳音乐界的大红人。

虽然德语歌剧《后宫诱逃》大获成功，但是随着约瑟夫二世政治改革的受挫，这部歌剧也一度被停演。约瑟夫二世在改革中树敌众多，导致莫扎特成为一众意大利音乐家们的眼中钉。迫于压力，约瑟夫二世于1783年放弃改革，重新组建了意大利歌剧团，歌唱演员、剧院任职的诗人、指挥全部都是意大利人，作品也由意大利作曲家所做，歌剧也自然是用意大利语演唱。此后的十余年间，柏格剧院简直成了意大利谐歌剧的天下。因此，莫扎特很难在意大利歌剧风行的环境中跻身主流作曲家行列。尽管在维也纳的生活有起有落，但莫扎特依旧在这音乐的故乡开始了自己独立的生活，并不断地进行着音乐创作。

故居廊道

在这里，他与康丝坦策共同组成了家庭。尽管康丝坦策身体不好，但仍为莫扎特生养孩子，照顾莫扎特的起居。他在这里结识了亦师亦友的“海顿爸爸”。海顿作为音乐界的名人，对莫扎特的音乐才华非常欣赏，他曾对莫扎特的父亲赞美莫扎特是一位真正伟大的作曲家。莫扎特向海顿学习了关于四重奏和交响曲创作的经验，并创作了6首弦乐四重奏赠送给了这位具有高尚品格的伟大音乐家。他还在这里找到了音乐上的好伙伴达·蓬特，这位优秀的意大利歌剧剧本作家为莫扎特的歌剧写作歌词，他们的合作天衣无缝。莫扎特凭借《费加罗的婚礼》这部歌剧证明了自己能够赋予意大利喜歌剧新的面貌。在这部歌剧中，莫扎特运用了多种音乐创作手法，惟妙惟肖地刻画了剧中的人物形象和性格特点。该剧的序曲在形式上大胆突破，成为歌剧序曲的典范之作。

在维也纳时期，莫扎特的音乐创作仍在继续，而且创作技巧与感情的表达也日渐纯熟。在《唐璜》这部喜剧与悲剧结合的歌剧中，莫扎特采取不同的处理方式：属于喜歌剧的部分，会忽略角色自我表现而夸耀其个性；而属于正歌剧的部分，则将音乐氛围推向鬼魅、阴森。1786

年，《唐璜》在布拉格的演出极为成功，莫扎特在布拉格这个地方也受到了热烈欢迎。1784 年，莫扎特加入了共济会。这个带有资产阶级启蒙思想色彩的秘密宗教团体对莫扎特的音乐创作产生了较大的影响。在歌剧《魔笛》、他的一些书信以及他为共济会的庆典所写的一些曲子（如 K.468、K.471、K.477、K.483、K.484 以及 1791 年的康塔塔 K.623）之中，他似乎在用自己创作的音符诠释着自由、平等、博爱的思想。

莫扎特用自己的音乐记录着自己的生活，也记录着自己的成长。在维也纳的最后几年，莫扎特生活上的问题逐渐突出。由于缺乏生活常识，他的生活日益拮据，只能勉强度日。孩子的夭折与新皇帝利奥波德的登基，使莫扎特的日子更为艰难。然而莫扎特并没有被生活的艰难所打倒，反而将其升华为作品中动人心扉的力量。1787 年 5 月，莫扎特听闻父亲的死讯后，在极度悲伤的情况下写出了一部具有划时代意义的杰作——《唐·乔瓦尼》。在歌剧中，死去军官的魂魄仿佛是父亲利奥波德的化身，莫扎特让其复活并在世人面前指责他的儿子，令观众如痴如醉。

《安魂曲》是 1791 年瓦尔泽格伯爵委托莫扎特创作的一部作品，也是莫扎特的最后一部作品。在创作《安魂曲》的过程中，他感到死亡的气息越来越近，仿佛这部作品是为自己而写的。果然《安魂曲》尚未完成，莫扎特便于 1791 年 12 月 5 日离开了人世。令人唏嘘的是，这样一位天才音乐家却在那个年代没有得到应有的尊重。尽管莫扎特一直在为成为一个自由的音乐人而努力，但其死后却被丢进了没有墓碑的贫民公墓里。

百年之后，莫扎特的作品经过时间的沉淀

昔日的记忆

历久弥新。世界各地的人们仍在心中祭奠着这位天赋过人并且追求自由的音乐家。在那些很难的日子里，莫扎特始终坚持着音乐创作，因为他相信自己就是为音乐而生的，也只有在音乐中才能获得真正的幸福。也许莫扎特是长不大的男孩彼得·潘，只有莫扎特那般澄澈的天性，才可以创作出这般充满爱与光明，既优美、华丽又深刻的乐曲，也只有这样的乐曲，才会给听众历久弥新的温暖力量。两百多年过去了，莫扎特探索音乐、追寻梦想的精神依旧鼓舞着与他一样的追梦者。

神童的消逝

1862 年，奥地利音乐学者克歇儿把莫扎特的作品进行了整理，按照年代编排，给每一部作品编号，在编号前再贯上他自己姓氏的首字母 K，共计 626 首。莫扎特 35 岁的年纪就有数量如此庞大的优秀作品，着实令人震惊。神童虽然消逝了,但纵观莫扎特短暂而熠熠生辉的一生，我们又不禁去思考，“神童”的光环到底带给了莫扎特什么？

男爵梅尔基奥曾这样描述他所见到的莫扎特：“他是我见过的最有魅力的孩子之一……他由衷的快乐愉悦，你完全不用担心，他的天赋会在成年之前耗尽。”对于一个从小被成人环绕的孩子来说，莫扎特所呈现的形象完全符合人们对“神童”的期望——一个长相乖巧的孩子却在音乐方面天赋异禀。然而过于关注这些的人往往就会忽略一个孩子的内心世界，接受着赞美的莫扎特在快乐之余也在担心着失去。小莫扎特常会问他的姐姐是否真正爱他，如若姐姐开玩笑说“不是”，他小小的眼睛里就会噙满泪水，他担心大家只喜欢自己的音乐表演，而不是真的喜欢自己。艺术家往往拥有敏感脆弱的心灵，莫扎特更是如此。作为孩童的快乐愉悦仅仅是表象的一部分。尽管他从小在赞美声中长大，但在赞美包围下，他的不安和对关爱的渴求却很少有人能够发现。童年形成的这种乐观和焦虑并存的心境伴随着莫扎特的一生，直到他生命的尽头。

父亲利奥波德对莫扎特长期的控制，对他的生活造成了很深的影响。10岁之前，他每晚都要先亲吻父亲才能睡觉。他童年时代的座右铭是“我的父亲，我的上帝”，即便在成年后他仍会时常想起这句话。这样密不透风的父爱，让莫扎特在音乐之外的很多领域都不擅长。22岁才长出胡须的他，竟然要在父亲信件的指导下才懂得如何处理。他不善理财也不懂得如何照顾自己的身体，在维也纳生活的最后几年，莫扎特的生活变得十分拮据，需要经常向朋友借钱才能维持正常的开销。他在伙食和家庭方面的支出非常节省，但在首饰和服饰方面的支出大手大脚。除此之外，“神童”的称号有时会让莫扎特过分自信，显得有些心高气傲。当遭到蓬巴杜夫人和路易十五小姐冷漠地拒绝时，他大声喊道：“究竟是谁竟敢拒绝亲吻我？女王都曾亲吻了我。”但有时，这份自信又是其坚持创作的原动力，如若没有对自己音乐能力的坚信，他如何走出萨尔兹堡小镇，成为第一个坚持自我、追求自由的音乐人？又如何在生活的一次次打击之下，坚持着心中的那份美好，并将其全部体现在他多产又伟大的作品中去？

不可否认，在父亲利奥波德的苦心教育与经营之下，“神童”的称号首先带来的是名气和财富。当老莫扎特发现儿子的音乐才华以后，他开始将自己的毕生精力投到莫扎特身上，他期待莫扎特能够成为伟大的音乐人，可他也懂得现实的艰难。于是年幼的莫扎特在父亲的带领下，顶着“神童”的光环在欧洲进行了巡演，承担起了整个家庭的开销。父亲利奥波德不仅是严父，同时也是严苛的经纪人，即使在莫扎特重病时，也要求他继续演

故居内景

故居走廊

出，并且在演出时不断应对观众对“神童”的刁难。他向莫扎特反复强调生活的艰难，强调自己对莫扎特的无私奉献，进而加强对莫扎特的影响，剥夺了莫扎特像普通孩子一样成长的机会。除了音乐，莫扎特对其他一无所知，某种程度上，他的卓尔不凡让他与平凡却安稳的生活越来越远。父亲对音乐神童的教育无疑是成功的，但这种过于严苛又强势的教育方式，破坏了父子关系，也阻碍了莫扎特完整人格的塑造。还好莫扎特有音乐，也只有音乐能为他带来无限的光明。

有人评价莫扎特的音乐是处于两个时代的转折点的音乐，既是集权统治下的音乐，也是当代的世界音乐。而处在时代转折点上的莫扎特，毕生所追求的不过是作为音乐人应有的尊重与自由。他从小就遍游欧洲，想成为一名真正的自由音乐人。他努力摆脱封建专制主义的阻碍，不断地在作品中表达自己对于美好社会和自由、平等、博爱思想的追求。他的音乐风格华丽又富有激情，典雅之中又透露着活泼，形成了只属于他的音乐的美，那是一种天生的高贵，里面没有过多的欲望，只有音乐的纯美、典雅、清新。

尽管莫扎特一次又一次离开家乡萨尔兹堡，但故乡的人们仍然推崇着莫扎特的音乐,家乡的巧克力上都印有他这“萨尔兹堡奇迹”的画像，这个欧洲偏僻的小镇因音乐天才莫扎特留下的音乐财富而声名远扬。莫扎特的音乐早已走出了萨尔兹堡，走出了奥地利，走出了欧洲，走进了全世界欣赏他的音乐才华与勇气的听众心中。现在大家依旧迷恋莫扎特的音乐，仍然有众多的乐迷因为热爱莫扎特而走进莫扎特出生的小镇萨尔兹堡，去寻访他为世界留下的音乐遗产。他用自己的音乐在世界上留下了灿烂的足迹，他的生命虽如流星般短暂却又如此绚丽，让后世一代又一代的人惊呼：永远的音乐神童，永远的莫扎特。

（撰稿：李乐源）

参考文献

程刚 . 浅谈莫扎特游历中的音乐创作 [J]. 黄河之声，2013（4）.

哈曼 . 音乐上帝莫扎特 [M]. 刁承俊，译 . 武汉：长江文艺出版社，2006.

萨尔维 . 莫扎特和古典乐派 [M]. 吴蒂，译 . 杭州：浙江人民出版社，2003.

瓦格纳 . 沃尔夫冈 · 阿玛多斯 · 莫扎特：作品和生平 [M]. 付天海，傅琪，译 . 北京：中央音乐学院出版社，2006.

西格尔特 . 莫扎特画传 [M]. 杨建明，王金玲，译 . 济南：山东画报出版社，2003.

勋伯格 . 伟大作曲家的生活 [M]. 冷杉，侯坤，王迎，译 . 北京：生活 · 读书 · 新知三联书店，2007.

西普曼 . 莫扎特传 [M]. 唐跃勤，兰萍，译 . 长沙：湖南文艺出版社，2016.

杨敬丛 . 解读电影《莫扎特传》中的人物命运 [J]. 电影文学，2009(14).

达·芬奇

在亚平宁半岛北部，有一座被称为“鲜花之城”的具有悠久历史的文化名城——佛罗伦萨，它不仅是欧洲最著名的艺术中心，也是欧洲文艺复兴运动的发源地。从佛罗伦萨出发，途经恩波利和蒙特卢波到达一个幽静的小镇——芬奇镇。小镇上，用石头垒成的房屋被起伏的山坡围绕着。在山坡上眺望，成片的田野尽收眼底，茂盛的森林郁郁葱葱，葡萄园镶嵌在橄榄树丛中，若隐若现。在寂静的圣巴仑特峰上，已经荒废的古堡和小教堂映入眼帘，一排排石头堆砌的房屋充满了生活的气息。世界著名的绘画天才达·芬奇就诞生于此，并在这里度过了他的整个童年，他许多的绘画灵感也源于此。

如今的芬奇镇依旧静谧而美好，伟人虽离去，故居仍屹立。人们在达·芬奇故居附近的农舍就地而建达·芬奇博物馆，以此纪念他。置身于达·芬奇博物馆中，目之所及除了他的绘画作品以外，还有他的发明。站在他生活过的土地上，触摸着他使用过的生活用具，看着他用心创作的传世佳作……我们似乎仍能感受到他为画一个鸡蛋而日复一日地练习，为某个衣袖的光影反复琢磨，为人类飞翔梦的实现煞费苦心……从他厚实的手稿笔记中我们足以窥见他的奇思妙想，也能了解这位绘画家兼发明家不凡的一生。

我们该如何评价达·芬奇？一位充满天赋的画家，一位博学多才的发明家，还是一位神秘莫测的天才？无可争辩的是，他的一生极具影响力。关注自然、再现真实是他在绘画中所一直实践的。他是文艺复兴时期伟大的艺术革新家，但达·芬奇却绝不只是个画家，他的才能表现在各个领域。传记作家乔尔乔·瓦萨里认为，即使达·芬奇拥有一双灵巧的手，也无法完美地表达出他头脑中精巧奇妙的构想。确实如此，天马行空的想象、缜密的逻辑思维是达·芬奇发明创造的“武器”。有人说，如果达·芬奇的发明创造手稿不被隐藏，世界将会因此前进 50 年。

童年记忆

1452 年 4 月 15 日，列奥纳多·达·芬奇出生在芬奇镇安基亚诺村的一间石头小屋里。他的父亲皮耶罗是一名法庭公证人，家境比较富裕；母亲是一位贫苦的农妇，家境贫寒。父母二人身份地位悬殊，因此从未结婚，在达·芬奇出生后不久就分手了，之后各自有了新的归宿。达·芬奇从小就失去了母爱，跟随父亲在祖父的农庄园中度过了童年。

孩提时代的达·芬奇聪明伶俐、勤奋好学、兴趣广泛，尤其喜欢画画，并在很早就展现出了他的绘画天赋。达·芬奇非常喜欢大自然，经常爬山，在丛林中静静观察花草和树木，或者研究小动物。回到家后，他还会把自己的观察和心得描绘在自己的笔记本上。由于画作形象生动、生趣盎然，他被村民们亲切地称为“小画家”。达·芬奇的祖父和叔叔也非常喜欢乡村生活，他们对待生活和自然的态度也深深影响了达·芬奇。在这些因素的影响下，长大后的达·芬奇认为自然是一切绘画大师的主人。他的这一观点也体现在他的画作中——他的画作中处处流露着对乡村的喜爱之情。

15 世纪 60 年代中期，少年达·芬奇离开出生地芬奇镇，在父亲的

达芬奇故居（意大利芬奇镇）

引荐下前往佛罗伦萨拜安德烈亚·德尔·韦罗基奥为师，学习绘画。这期间，祖父去世，达·芬奇也结束了他的童年时代，这也是后期他的作品在描绘童年的风景时流露出一种失落感的原因。1430 年，美第奇家族掌握佛罗伦萨政权。在美第奇家族掌权期间，佛罗伦萨经济获得较大发展，逐渐成为意大利和欧洲的贸易、文化中心。历史上的文艺复兴运动进一步推动了这座城市的发展。佛罗伦萨深厚的文化积累和艺术传统为达·芬奇提供了良好的成长学习环境。

1469 年，达·芬奇正式跟随韦罗基奥研习绘画。韦罗基奥是意大利文艺复兴时期著名的雕刻家、画家、艺术家，受过良好的教育，多才多艺，在自然科学、建筑学、音乐学等方面均有所建树。达·芬奇进入韦罗基奥的画坊后，从打扫画室、清洗画笔、调颜料、充当模特等零活做起，逐渐掌握了几何平面原理、透视原理、人像绘画技巧等技艺。韦罗基奥的画坊是佛罗伦萨较有影响力的画坊之一，不仅是艺术家，也是许多思想家、科学家交流的场所。这些思想家和科学家们的交流、碰撞激发了达·芬奇对解剖学和工程物理学的研究兴趣。

韦罗基奥对达·芬奇的绘画训练是从画蛋开始的。韦罗基奥是一个非常严格的老师。上课的第一天，老师拿出一枚鸡蛋让达·芬奇照着画。达·芬奇很高兴，觉得这太简单了，他横着画，竖着画，画了一张又一张。第二天，老师还是让他画蛋。一连几天都是如此，达·芬奇不耐烦了，向老师提出了抗议。老师说："要做一个伟大的画家，就要有扎实的基本功。画蛋就是锻炼你的基本功。你看，一千个蛋中没有两个是完全一样的。同一个蛋，从不同的角度看，它的形态也不一样。画蛋能提高你的观察能力，帮助你发现每个蛋之间的微小的差别，锻炼你手眼的协调，以便做到得心应手。"此后达·芬奇更加认真地学习画蛋，努力将各种绘画技巧融于其中。几年后，他的绘画水平有了长足的进步，达到了想画什么就画什么，画什么就像什么的水平。除了学习绘画，他也学习用黏土和赤陶土进行雕塑创作。《年幼的基督》就是一尊用陶土塑成的头像，有人发现这尊塑像与《最后的晚餐》中的几个门徒颇为相似。达·芬奇是个勤奋的学生，他在画坊里和其他学徒一样，在学习的同时，从事跑腿、打杂的工作，但达·芬奇很快掌握了绘画技法后，就可以正式绘画创作了。而这时同期的其他学徒只能绘制一幅作品的一个部分，因而，韦罗基奥的很多画作都是由达·芬奇协作完成的，这使得达·芬奇在韦罗基奥画坊的学徒中崭露头角。

1468 年到 1470 年韦罗基奥画坊创作的最优秀的作品之一——现藏于伦敦国家美术馆的《多比亚司与天使》中的鱼和狗的形象就出自达·芬奇之手。鱼身上波光粼粼的光亮和表面泛起的灰白两色光泽，明显采用了油画和蛋彩结合的画法；小狗形象生动，身上柔软蓬松的毛刻画得十分逼真。二者相互映衬，相辅相成。艺术史学家大卫·布朗在他的《学徒列奥纳多》中对达·芬奇在《多比亚司与天使》中绘制的动物形象给予了高度评价，他指出韦罗基奥表现自然风景的技巧尚欠火候，然而出乎意料的是，《多比亚司与天使》中的动物形象同人物形象一样，却比波莱沃洛兄弟画中的动物形象技高一筹。

绘画天才

1472 年，达·芬奇注册成为佛罗伦萨画家组成的协会“圣路加公会”的会员。这个时期的达·芬奇虽然仍未离开韦罗基奥，但已经拥有一些独立创作的作品了。现存在于佛罗伦萨乌菲齐美术馆的《天使报喜》就明显带有韦罗基奥画坊风格与技巧的影子。画中后方轮廓清晰的树木色深秀美，与画中天使的光影相互映衬；玛利亚左手后缩的画法让原本平静的人物平添几分惊讶和怀疑的神态，但整体看来临摹的痕迹还是稍显明显。大卫·布朗曾评价：这幅《天使报喜》构思新颖，富有诗情，但同时也有模仿的痕迹和明显的瑕疵。《天使报喜》是达·芬奇 21 岁时创作的，虽然画面空间透视感和景物布局层次还较弱，但是开始显示出自己的绘画风格。

1474 年，达·芬奇绘制的《吉内弗拉·德·本齐》，是他的第一幅肖像画作品。这幅画像据传是吉内弗拉为庆祝自己的婚礼请达·芬奇绘制的肖像画。达·芬奇画中的女郎落落大方、端庄文雅，华美的服饰与金黄色的卷发相互映衬，白皙的皮肤与唇部的曲线娇美迷人。这一切似乎那么和谐，唯有一双眼睛充满忧郁。达·芬奇通过画中女主角的眼睛向我们展现出一种神秘美。他以明暗对比法表现其忧郁的情绪，以渐次融合的晕涂法赋予其逼真的质感。著名传记作家查尔斯·尼科尔认为这是达·芬奇“第一幅真正意义上的杰作”[①]。画完这幅肖像画后，让达·芬奇作画的各种委托如潮水般涌来。1477 年，达·芬奇离开了老师韦罗基奥的庇护，开始独立创作。在之后的几年时间里，他完成了《受胎告知》《贝诺亚圣母》等作品。这些早期作品不仅体现了达·芬奇的人文

① 尼科尔. 达·芬奇传：放飞的心灵 [M]. 朱振武，赵永健，刘略昌，译. 武汉：长江文艺出版社，2006：102.

主义思想，还展现出了他那精细、和谐、逼真的现实主义艺术风格。

1482年初，达·芬奇来到路德维科·伊尔·莫罗公爵统治下的米兰。路德维科有着很大的政治野心，招揽了很多学者、艺术家，目的是把米兰建成一座新的“雅典”，并使之能与佛罗伦萨匹敌。达·芬奇渴望在米兰施展才华，于是他向米兰摄政王提交了自荐信，强调了自己在军事、建筑、工程方面的才能，以及他绘画创作和制作雕塑的才能。达·芬奇详细地展示了他曾设计的一些军事武器素描草图，因此获得了参与波河上建筑堡垒工程项目的资格。如今，这些设计草图和构想在达·芬奇的笔记中仍清晰可见。

米兰对于艺术采取的是海纳百川、兼收并蓄的态度，达·芬奇也在这个满是艺术天才之地结交了几个志同道合的朋友。其中，他与本地艺术家德·普雷迪斯的关系最为紧密。15世纪80年代末，达·芬奇在米兰创建了自己的工作室，其室内构造基本复制了他在佛罗伦萨的工作室。从此，达·芬奇的作品基本都是他与助手在此共同完成的。达·芬奇在米兰的工作室中推出的作品大都是宫廷画像与宗教题材作品。1485年创作的较为精彩的肖像画之一《音乐家肖像》就出自这里，这也是

故居前小广场

达·芬奇创作的唯一的一幅男子画像：这位音乐家有一头光滑的长卷发，头戴亮红色的帽子，神情严肃地拿着画谱。至于人物原型是音乐家弗兰基诺·加弗里奥还是阿塔米兰·米廖罗蒂，我们不得而知。令人遗憾的是，这幅画作并未创作完成。另外，达·芬奇在米兰的创作仍延续了早期圣母像主题。1490年，达·芬奇创作的《哺乳圣母》中，圣母玛利亚面带慈祥微笑，低头俯视怀中的圣婴，展现出母爱的伟大。这种温柔的母性光辉与窗外山川景致相互融合，呈现出一派和谐静美的景象。但也有人说，圣母的面部表达过于刻板。这或许与达·芬奇此时在进行人体科学研究有关。

安静的小石屋

1495年，在米兰圣玛利亚感恩教堂道明会修道院大厅的北墙边，始终有一个手里拿着笔画个不停的身影，有时候会站在那里很久，用挑剔的眼光看着一幅作品，有时候又会踌躇地踱步离开，但又忽然转身画上几笔，这个身影正是达·芬奇，此时的他正在为《最后的晚餐》作构思。《最后的晚餐》取材于《圣经》：耶稣得知自己被犹大出卖了以后与门徒们共进晚餐，在晚餐时他说出“你们之中有一个人想害我”的话，表情平静而淡漠。达·芬奇将耶稣、犹大以及其他门徒多种多样的动作、性格、情感和心理反应等刻画得精细入微、惟妙惟肖。在创作这幅画作之时，达·芬奇做了很多准备工作。这幅画是一幅壁画，达·芬奇采用的是先在墙上均匀涂上一层泥灰的方法，使中间的部分比旁边粗糙些，有助于其与覆在上面的漆层更好地黏合，以便为画作的主体部分打基础。他还研究了很多前人作品，同时画了大量的草图，详细地思考每个人物的动作、手势、表情等。这些努力我们从达·芬奇笔记中都可以见到。从构图上看，画作以耶稣为中心，所有的门徒被安排在左右两侧，通过人物手臂的安放起落来反映人物内心活动，以此构成了整幅画的连带关系，画面背景的墙壁、窗、天顶又构成了明暗对比关系。总之，《最后的晚餐》是达·芬奇用了三年时间完成的最负盛名的佳作之一，也是世界美术宝库中最完美的作品之一。它不仅标志着达·芬奇艺术成就的巅峰，也标志着文艺复兴艺术的繁荣。

百科全书式全才

达·芬奇不仅是个绘画天才，而且是个科学巨匠，称得上是个全才，军事、工程、医学、科技样样精通。当然，他的这些科学研究和发明创造与他的画作也是密不可分的，科学研究的缜密思维让他的画作更具真实性，他的画作也为其科研插上想象的翅膀。正如他自己在笔记中所记载的，他认为科学就像军官，实践则好比士兵，而那些只会埋头苦练、不懂得探求科学原理的人，就像船上没有船舵或罗盘的水手，永远无法确定自己将会去向何方。

达·芬奇幼年住在芬奇镇的时候，就开始琢磨制造用水驱动研磨颜料的机械。在达·芬奇笔记中可以找到很多绘画颜料生产工具的草图。

在工程建筑方面，他曾在“巴黎手稿 B”中对“礼拜堂”进行了描述，并针对钟塔的独立性做了专门设计。从残留的图中还依稀可见其中“等比级数”的复杂几何体系。1489 年 7 月 22 日，美第奇家族成员洛伦佐·德·美第奇收到一封来自佛罗伦萨驻米兰大使的信，其中提到卢多维科公爵打算为其父亲设立一尊大型铜马像作为纪念碑，并把这个任务委派给达·芬奇。达·芬奇在“巴黎手稿 C”上就有关于这个铜像计算报酬、安装设计等前期准备工作的记录。他反复研究了如何只用底座上的两条后腿来支撑整尊铜马的巨大重量这种技术问题，但很遗憾的是这尊马的雕像最后被毁掉了。

在军事设施方面，达·芬奇在米兰期间设计了一系列军事建筑和各种防御系统。其中亚诺河下游改道工程就是达·芬奇设计的防御系统之一。此工程难度大、进程慢，为了加快速度，达·芬奇设计了挖掘机，迅速地解决了亚诺河的航运问题，使佛罗伦萨拥有了自己的入海口，获得了海上贸易权，促进了佛罗伦萨的政治建设和经济发展。1502 年夏，达·芬奇成为军事工程师，这期间他设计了许多军事武器和建筑，其中有大炮、坦克、防御城堡、抛射物轨道等。这些军事武器和建筑的设计思路都在他笔记的草图中清晰可见。虽然他设计了很多军事武器，但是达·芬奇是一个和平主义者，认为战争是“最兽性的疯狂行为”。

在技术方面，从达·芬奇的《大西洋抄本》可以看出他对机械技术的兴趣。在 1471 年，达·芬奇参与攻克将球体置于大教堂顶端的技术难关的工作。他深入细致地整理研究起重机和绞车资料，因而他的手稿中有很多关于教堂设计和规划的草图。达·芬奇还设计过水力发动的磨粉机、漂洗机。

故居小门

在城市规划方面，1483 年，米兰爆发的瘟疫让达·芬奇萌生了重新规划这座城市的想法，因此绘制了《城市规划图》草图，从中提出了很多关于下水道、住宅、道路交通、建筑物高度等城市规划问题的解决办法。

在科技设计方面，1480 年前后，达·芬奇对人类的飞行梦想有所构思。他经过精密实验和计算，得出了“物体对空气施加的巨大阻力，与空气对物体施加的阻力相等”的结论，为此他花大量时间观察鸟在空中飞翔的姿态，研究鸟翼的构造、绒毛的作用等，并以此画出飞行器内部结构的草图。其中对于飞行器的机翼、驾驶员、操纵杆都一一列举了出来。虽然最终试验以失败告终，但他从未气馁，在此基础上进一步研究了关于风力和气流的机械学，也因此设计出了降落伞、风速指示器等科学设备。

在生物学方面，首先，达·芬奇对植物学有所探究，他的理论视野延伸到了艺术家的角色中，《天使报喜》《岩间圣母》中都有关于植物的绘画。他着重研究树木的形态、花草树木对阳光和水分的需求、地球引力与植物生长的关系、叶序和年轮现象等。在达·芬奇笔记中就有关于阳光对植物结果实的影响、树木朝向受阳光影响等问题的记载。其次，达·芬奇对水也有深入的研究，这与他在绘画中想表达水的动态有关。1508年，他在米兰期间研究水的物理性质并做了关于《水的世界》的笔记，记录了水及其各种运动，对水的物理性质做了详细的观测和研究。画作《大洪水》正是他探究水的奥秘后的杰作。

在医学方面，达·芬奇还是首位解剖人体结构的艺术家。英国传记作家怀特认为，达·芬奇更适合做解剖学研究，原因是在他身上探索精神和追求精致的艺术二者完美地结合了。15世纪的教会只给部分研究人员相应的验尸权限。达·芬奇躲避了教会的禁令，藏身于墓地，以科学的方法解剖了尸体，也因此探究到静脉和动脉的区别、消化系统、呼吸系统，甚至人体肌肉构造的内在规律性。对于这些发现，达·芬奇都用精细的绘图记录下来并做了相应的解释。1515年底，达·芬奇大概已经解剖了30具尸体。他是现代解剖学、病理学、医学的先驱。

故居内景

现藏于威尼斯学院美术馆的《维特鲁威人》就是达·芬奇在研究人体结构之后，按照人体比例画的一幅钢笔素描。

达·芬奇作品《蒙娜丽莎》

众所周知，达·芬奇去世后留下了大量手稿。这些手稿大多是他在1490年至1515年间书写的，其中包含了丰富的艺术、科学理论，所涉学科门类众多，可谓一本百科全书。手稿中的内容既有对瓦尔特利纳山谷中关于普利尼亚泉水自然现象的研究，也有对该地区的土地、葡萄酒、牛肉等的研究，还有很多关于军事、工程、生物等研究的记录。当然，除了一般性的研究外，他也有专门的论述著作——《画论》。不幸的是该著作遭到遗失与毁坏，目前仅在米兰、伦敦、巴黎等地的图书馆和博物馆中可见到一部分。达·芬奇几乎将他毕生的思考和研究都记载在他的手稿中，因此他的手稿成为后人追捧和研究的对象。实际上，达·芬奇的手稿并不仅仅是因为内容的丰富给人深刻印象，更因其异于常人的书写方式而倍增神秘，吸引了众多学者探求的目光。达·芬奇的大部分手稿采用常规的记录方式，但也有部分手稿采用的是镜面书写——左手书写的方式，这也是他手稿的神秘之处。我们可以说达·芬奇是一个维权意识很强的人文主义者，他故意采取从右向左甚至是镜像的方式书写，从而很好地保护了自己的科研劳动成果；也可以说他是个左右大脑都很发达的人，他的左手非常灵活，左右手能够很好地协调配合，有利于他的绘画创作和科研。达·芬奇后来得了中风，右手无法正常写字但仍旧有手稿留存，这就得益于他双手均能写字的能力。

漂泊时光

1499年年底，法军入侵米兰，达·芬奇在寒冬里裹紧了身上的羊皮马甲，离开了留有他梦想的、居住了17年的米兰，开始了四处为家的生活。

1500年3月，达·芬奇到达了威尼斯。这是一处历史名地，也是欧洲的贸易中心，还是个开明和自由的所在。达·芬奇此次是受到威尼斯统治者邀请而来的。此时的威尼斯军情紧急，土耳其人已经进攻到威尼斯的维琴察城下。达·芬奇临危受命担任威尼斯军事顾问，负责建设堤坝并设计“潜水计划”，以便阻挡土耳其的进攻。这些在他的《大西洋抄本》中都有记载。

1500年4月，达·芬奇应佛罗伦萨终身大执政彼埃罗·索德里尼的聘请，回到他离开了18年的佛罗伦萨，担任军事工程师。回去之后，他努力进行运河、港口的工程建设工作，并继续进行艺术创作。

故居斑驳的石墙

达·芬奇曾与米开朗基罗展开过绘画之争。佛罗伦萨人要为诸侯宫的会议厅画两幅战争题材的画，分配给达·芬奇的是1440年佛罗伦萨人战胜米兰人的《安加利之战》，同时米开朗基罗的《卡西纳之战》的壁画也正在绘制，二者为此展开激烈竞争，最终上升为政治问题的激烈角逐。

晚年生活

1503年，达·芬奇开始进行《蒙娜丽莎》的创作。《蒙娜丽莎》是一幅享有盛誉的肖像画杰作，它代表了达·芬奇最高的艺术成就。根据1550年传记作家乔尔乔·瓦萨里的记载，达·芬奇画中的模特名叫蒙娜丽莎。蒙娜丽莎的微笑包含多重意味。刻画这种微笑着实需要高超的画技。达·芬奇运用“薄雾法”把人的眼角和嘴角表现得若隐若现，使其微笑神秘莫测；用柔嫩圆润的双手，展现其高贵地位与温柔性格；用柔和轮廓和模糊物像描画其背后的幽静风景，更能映衬人物与其心境；构图上也改变了传统肖像画多侧面构图的方式，采用正面胸像构图，使人物显得大方稳重。近年来也有人从医学的角度分析，认为蒙娜丽莎的微笑是一种视觉的错位。当我们注视着蒙娜丽莎的双眸时，会觉得她的笑容更加明显，但是当我们把目光放在她的嘴巴上时，她的笑容仿佛消失了，再也无法捕捉到了。文艺复兴时期的达·芬奇处在一个充满人文主义的时代，反抗教会、崇尚理性是他践行的准则，因而蒙娜丽莎的微笑也展现出达·芬奇对教会统治的反抗。

晚年的达·芬奇一直将这幅画作随身携带，虽然此画作已创作完成，但他并未托付他人，可见达·芬奇对此画作的珍视。据修复《蒙娜丽莎》的人称，这幅画作表面有30多层涂层，但这些涂层厚度的总和才刚40微米，这种精细程度是其他画作无法相比的！这幅画作不仅是达·芬奇最优秀的作品之一，也是世界上少有的优秀肖像画。关于《蒙娜丽莎》的研究专著数不胜数，蒙娜丽莎的微笑也成为人们始终探寻的谜团，同

通往故居的山路

样，这幅画作也因为这样神秘的微笑而具备更大的魅力，吸引着一代又一代的学者加以探究。

1506 年 5 月，达·芬奇因其创作遭到佛罗伦萨政府的排斥和宫廷艺术家的反对，生活没有保障，被迫离开佛罗伦萨，前往米兰。此时的米兰已被法国占领，出于生活和工作的需要，他暂时接受了国王路易十二的邀请，担任宫廷画师，同时进行水利工程设计和解剖学研究等工作。

1507 年，达·芬奇因其叔叔过世留下的一份遗产而返回佛罗伦萨。达·芬奇和他的叔叔年龄相当，二人关系十分紧密，因而他的叔叔弗朗切斯科指定达·芬奇为财产唯一继承人，但这违背了其早期遗嘱中指定遗产由塞尔·皮耶罗的合法后裔继承的约定。于是，这场家庭纠纷将达·芬奇卷入了一场官司之中。在诉讼期间，达·芬奇开始着手整理自己的草稿笔记。其中，《莱斯特抄本》就是从此时开始整理的。该抄本主要研究了世界基本的自然结构和宏观和谐以及潜在的几何学上的对称，这是一本物理学著作，同时也是一本哲学著作。

1508 年，达·芬奇遇到一个 17 岁的伦巴底贵族男孩弗朗西斯科·梅尔茨。梅尔茨受过良好教育，逐渐取代了达·芬奇原先收养的萨莱，成为达·芬奇晚年的得力助手。达·芬奇去世的时候，梅尔茨在告知达·芬奇的亲属们的信中，对达·芬奇是以父亲相称的。达·芬奇为回报他的照顾，将自己的画作、藏书等捐赠给他。梅尔茨成为他的唯一遗嘱执行人。

1513 年，达·芬奇受新任教皇的兄弟、洛伦佐·德·美第奇的长子朱里亚诺的邀请来到罗马。但此时，绚烂的艺术舞台早已被年轻一代的米开朗基罗和拉斐尔占领，被边缘化的达·芬奇不愿迎合罗马教廷和贵族热衷的富丽堂皇的艺术风格，便从绘画转移到医学、科学等研究领域。1515 年，达·芬奇画了一幅自画像。画中是一个长髯老者，他有着宽广的额头、深邃睿智的双眸、坚挺的鼻子、坚定的眼神，波浪式的长发连结长鬓，整体呈现出一个才艺双全、具有无限生命力的智者形象。

1516 年夏，64 岁的达·芬奇开始了人生中最长的一次旅行——前往法国。到达法国后，法国国王弗朗西斯被达·芬奇的才华所折服，为他提供设备齐全、温暖舒适的居处。达·芬奇在此期间继续整理他的手稿笔记和绘画作品。这时，他的身体出现了问题，开始饱受病痛的折磨。1519 年 4 月，在生日后不久，达·芬奇嗅到了死亡的气息，于是立下遗嘱：将他账户中不多的余额和叔叔给予他的产业的一半给予他同父异母的兄弟们；将米兰城外葡萄园的一半及附属房屋留给他的徒弟萨莱，另一半葡萄园留给佣人；剩余的他所有的绘画作品、手稿以及其他的工艺品、年金、产业、个人用品都将赠予他的学生兼“儿子”——梅尔茨。

1519 年 5 月 2 日，67 岁的达·芬奇离开了这个世界。达·芬奇是人类智慧的象征，是整个文艺复兴时期的杰出代表。作为文艺复兴三杰之一，他的绘画光影理论使文艺复兴时期欧洲的绘画艺术达到顶峰。他有无限的理想和抱负，一生对万物甚至宇宙充满了求知欲，探索世间万物的奥妙是他一生的追寻。他寻求的是事物的根源和永恒的规律性。他用自己的智慧和想象带给了我们走进世界、探索世界的钥匙，他的物理、医学等理论和诸多发明设计，给科技的发展提供了巨大的启示。达·芬奇是一位伟大的绘画家，绘画艺术为他提供了感性和美的体验；他又是

芬奇镇远景

一位科学家，科研发明展现出他理性的逻辑思维能力。因此，达·芬奇是一个伟大的旷世奇才。

达·芬奇带我们走进了绘画，又走进了生活，使绘画中五彩的世界与生活中新奇的发明交相呼应。他的生命在时间长河的流淌中走向终结，其身后却留下了无数的财富。达·芬奇逝世之后的几百年间，人们对他的研究从未中断过，研究达·芬奇的相关机构遍布世界各地。而今，达·芬奇已经成为意大利的一个文化符号，以他的名字命名的物品、地名不胜枚举。伟大的艺术史学家肯尼斯·克拉克评价达·芬奇是“艺术史上的哈姆雷特”。达·芬奇虽已逝去，但他的创新、研究精神仍然激励着我们继续前进。

（撰稿：孙玉霞）

参考文献

芬奇．达·芬奇笔记 [M]. 杜莉，译．北京：新星出版社，2010.

尼科尔．达·芬奇传：放飞的心灵 [M]. 朱振武，赵永健，刘略昌，译．武汉：长江文艺出版社，2006.

史密斯．天才的另一面：达·芬奇 [M]. 北京：电子工业出版社，2016.

王刚．全能的天才：达·芬奇画传 [M]. 长春：时代文艺出版社，2010.

瓦萨里．意大利艺苑名人传 [M]. 刘耀春，等译．武汉：湖北美术出版社，2003.

小艾．达·芬奇关键词 [M]. 长沙：湖南美术出版社，2010.

丢 勒

在德国纽伦堡著名的“丢勒广场”上，有一座建造于1420年的房子。房子高四层，下半部分由棕红色砂岩砖块砌成，上半部分是红白相间的半木状结构，三角形的屋顶，圆拱形状的门窗，让人感觉格外古典庄重。站在房内推开窗，便能够看到丢勒广场迷人的风光。这里是德国最伟大的艺术家之一阿尔布雷希特·丢勒的故居。

丢勒是享誉世界的版画家，是德国文艺复兴运动的奠基人，也是德国文艺复兴时期最有成就的艺术家之一。他一生中创作了大量的木刻版画、油画以及素描作品。其作品不仅对细节进行深入细致的写实刻画，同时又具有震撼人心的艺术感染力，影响了同代及后世的众多艺术家。从1509年到1528年，在生命最后的19年里，丢勒都生活和工作在纽伦堡的一幢房子里。这幢房子是丢勒结束第二次意大利之旅回国后，于1509年在希瑟尔街（现名“丢勒街”）购买的。它陪伴丢勒走过人生的终点，见证了丢勒艺术之路最后的辉煌。丢勒在人生最后阶段从绘画实践转向理论著述，致力于艺术理论研究丢。丢勒将其一生奉献给了他挚爱的艺术事业。

讲解员以丢勒夫人——阿格妮丝·弗雷的口吻将室内陈列娓娓道来，带领远道而来的客人参观他们的家。在故居的陈列橱窗里，你能看到不同时期丢勒的自画像。当你的目光与画像上丢勒的目光相接的时候，你甚至会觉得有点儿恍惚，仿佛这位伟大的画家从未离开过我们。

自画像之父

1471 年 5 月 21 日，在德国纽伦堡的一个金匠家里，丢勒诞生了。丢勒在童年时代就跟随父亲在作坊里学习金工手艺，他的父亲一心希望丢勒将来也能成为一名首饰工人。年幼的丢勒在作坊当学徒时，接受了绘画训练，临摹了大量艺术家们的人物画，熟练地掌握了金饰刻画的技巧，这也为他终生从事艺术活动奠定了基础。年幼的丢勒对人物结构和绘画方法很感兴趣，表现出了超凡脱俗的创作天赋。在丢勒 13 岁时，他对着镜子用银尖笔为自己创作了第一幅自画像。在画像的右上角，他写道："1484 年，我还是一个孩子的时候，我照着镜子画了自己。"画像上的他面容清秀，目光坚定，手指纤细，依稀展现出这位未来伟大美术家的仪态风采。在画完这幅自画像的第二年，丢勒进入纽伦堡的一所公立小学接受教育。

在丢勒的一生中，他总共创作了近十幅自画像。丢勒这一系列的自画像，历来都被认为是他作品中最为重要的一部分。他用自己手中的画笔，记录下一生中不同时间段的自己，用创作自画像的方式，与自己对话，与自己交流。画布背后隐藏着一个无穷的诉说空间，画家的心情、意志、行为、经历，就像是平静海面下隐藏的巨大冰山一样，等待着我们去发现和挖掘。

丢勒自画像中影响最大的莫过于他的三幅油画自画像了。第一幅《22 岁的自画像》创作于 1493 年，画像上的丢勒侧身安静地站立，灰绿色的外套里面穿一件粉红色的、带有褶皱的衬衫，头发金黄，皮肤白

丢勒故居（德国纽伦堡）

皙而带有光泽，给人一种高贵典雅的感觉。值得注意的是，他手中持有一棵蓟草。正是这株植物，给人们以巨大的阐释空间。蓟草是一种随处可见的植物，因具有凉血止血、散瘀解毒的功效，成为古代苏格兰士兵的疗伤草，后来被苏格兰人作为一种元素设计到国徽中，是高贵与荣誉的象征；同时它还是“爱之幸运”的象征，与自画像下面的文字“我的婚事注定会平步青云”[①]相呼应。1494年7月7日，23岁的丢勒与阿格妮丝·弗雷在双方父亲的安排下完成了婚礼。就在婚后不久，丢勒为妻子创作了钢笔素描《我的阿格妮丝》，这也成为丢勒为妻子所画的仅有的几张素描画像之一。阿格妮丝的家族要比丢勒家族富有，阿格妮丝的父亲汉斯·弗雷曾做过铜匠，会制造喷泉，还是位音乐家。阿格妮丝与丢勒结婚时带来了200荷兰盾的嫁妆，这为丢勒的艺术创作奠定了经济基础。1497年，在丢勒加入纽伦堡画家行会后，依靠自己的积蓄和妻子的嫁妆，成立了自己的画室。他购买印刷机器，雇用学徒工，开始了自己独立的艺术创作。

然而，这段长达20年的婚姻并不幸福，两人也未养育孩子。据美国德裔犹太学者、艺术史家、著名丢勒研究专家欧文·潘诺夫斯基考证，

① 周施廷. 丢勒与故乡纽伦堡的市民文化[J]. 文化艺术研究，2013（3）：24.

丢勒在 1520 年到 1521 年和妻子游览尼德兰期间，曾多次流露出对妻子的不满。丢勒有记录用餐情况的习惯，在与朋友和家人用餐后，他往往会在名字后面做记号，而在尼德兰旅居的一年期间，他与妻子共同进餐的次数寥寥无几。丢勒往往单独吃，或与旅店老板一起吃，而妻子则是与女仆一起吃。[①]

故居大门

1498 年，丢勒完成了第二幅油画自画像。这幅画像目前收藏于西班牙马德里普拉多博物馆。在这幅画像上，丢勒题写道："在我 26 岁时，我这样描述我自己。"画面上的他双手交扣于腹部，一种从容的气质扑面而来。与第一幅画相比，这幅画在细节上进行了精心的安排。他穿着威尼斯风格、时髦优雅的服装，戴着象征画家身份、用以呵护双手的真丝手套。不论是帽子上的流苏，还是衣服上烦琐的花边和纹理，都非常别致和考究，充分展现出主人公身份和地位的尊贵。从丢勒身后的窗户可以清晰地看到阿尔卑斯山的壮美风光——蜿蜒曲折的河流，葱茏的树木，他仿佛在向世人宣布，画布上画着的不是地位卑微的手工工匠，而是一位才华横溢、见识广博，甚至曾穿越了国境，到过神秘的意大利的大艺术家。在画中，丢勒充分表达了对自己身份强烈的自信和认同。

丢勒的第三幅油画自画像创作于 1500 年，这幅油画十分耐人寻味：纯黑色的画面背景宛如浓稠的黑夜一般，不加任何修饰，省略了所有可

① 参见潘诺夫斯基. 丢勒的生平与艺术 [J]. 陈平，顾琳，译. 美苑，2009（3）：87.

能令人分神的事物，让人只能把目光聚焦在画中的人物身上。这幅自画像没有采用四分之三的侧面站位，而是采用了直面观赏者的居中站位。画中丢勒的双眼、头发、衣领呈中轴对称，左右题签和衣领组成的倒三角形，与人物形成的正三角形相互套嵌，给观赏者一种非常安稳、中立的感觉。因为历来这种居中画法多用于宗教题材的画作中，所以这幅自画像容易让人将其与宗教联系在一起，从而塑造了丢勒“神性艺术家”的形象。在这幅画像上，丢勒用意大利常见的古典字体写道："我，纽伦堡的阿尔布雷希特·丢勒，28 岁用永久的涂料画下我自己。”这也是他第一次在画像上郑重地写上自己家乡“纽伦堡”的名字。据说这幅自画像深受丢勒的喜爱，被他一直悬挂在纽伦堡的家中。

丢勒晚年的“自拍”浓缩于《裸体自画像》和《忧患之子》的自画像中。晚年的丢勒开始患病，身体状况不佳。1516 年，丢勒在病中完成了另一幅自画像，他在画像中圈出了自己左腹部疼痛的位置，寄给医生并请其为自己治疗。这显然不是一幅经过精心设计和修饰的自画像，而是一张介绍病情的病例图。在这里，艺术已不仅仅具备审美功能，还具备了强大的实用功能。从这幅信手拈来的画作中，我们可以看出丢勒精湛深厚的画工和对人体构造的深刻了解。1521 年,先后游历了巴塞尔、斯特拉斯堡及威尼斯等地的丢勒回到故里。此次跋涉使他的健康状况恶化。次年，饱受病痛折磨的丢勒怀着凄凉的心情，创作出了《忧患之子》这幅自画像,他的自画像系列也完结于此。画像里的丢勒头发稀疏凌乱，上身赤裸，驼着背，弯着腰，眼神惊慌，飘忽不定，肌肉萎缩而松弛。他已垂垂老矣，身体每况愈下，昔日骄傲的神情早已不再，因此他将自己形容为“忧患之子”。

英国艺术家克拉克是这样评价这位“自画像之父”的："他首先是一个有强烈自我意识和极度虚荣的人。”[①] 画家画自画像，就如同作家写

① 克拉克．艺术与文明：欧洲艺术文化史 [M]．易英，译．上海：东方出版中心，2001：172.

自传一样，是一个重新追溯、审视和发现自己的过程。丢勒自幼表现出强烈的自我意识，他的这份“自我”是独立的，是张扬的，深藏于他的灵魂深处，也伴随着他的画笔融入绘画之中。在文艺复兴时期的艺术家们当中，他的自我意识可以算得上是最强烈的，对自己的审视也是最为透彻的。

身后的力量

丢勒一生中留下了大量的人物肖像作品，其中有一部分取材于他的家人，例如：1490年和1497年为父亲创作的两幅肖像画，1508年为哥哥创作的《祈祷的手》，1514年为弟弟创作的《丢勒的弟弟》等。虽然丢勒的婚姻生活并不理想，但他依旧拥有一个幸福的大家庭。这份幸福是他的父母、兄弟们所给予的。对于丢勒而言，这个大家庭的每一个人都是弥足珍贵的，他们不仅养育、陪伴了他，还始终鼓励和支持着他的事业。在创作这些肖像画的同时，他将自己内心对家人的情感融到画作中，以画为言，来表达他对家人们的挚爱。

丢勒的出生地纽伦堡，是德国中部一个富裕的城市，市民生活和文化丰富多彩。虽然丢勒诞生于一个金匠世家，但是家庭经济状况并不理想，仅仅能维持温饱。根据丢勒自己的记载，父亲阿尔布雷希特·丢勒出生于匈牙利的小城久洛，他继承了祖父安东·丢勒的事业，也成为一名金匠。丢勒的父亲在来到德国之前，曾在荷兰与一些知名艺术家有过交往。1455年6月25日，老丢勒到达德国纽伦堡，之后迎娶了丢勒的母亲芭芭拉·霍尔普。老丢勒无疑是一名成功的匠人，他凭借出色的技艺，成为当地行会的师傅。从1490年丢勒为父亲所画的肖像画中，我们也能够看出这位专业金匠的自信：他身穿棕色长袍，头戴一顶皮帽，目光坚定。

丢勒的父亲始终为家庭的生计努力着。他凭借精湛的技艺，与纽伦堡一些上层名流交好，为这个家族争得了荣誉与社会地位。丢勒出生时，他们的家位于皮克海默家族巨宅的后面。皮克海默家族是纽伦堡最重要的家族之一，在商业圈、政治圈十分具有影响力。小皮克海默只比丢勒大6个月，两个孩子经常在一起玩耍，并结为好友，此后一直保持着良好的关系。丢勒的教父安东·柯贝尔也是当时纽伦堡的显贵人物之一。也正因老丢勒的努力，丢勒家族才得以进入纽伦堡的主流圈子，丢勒才得以与上流人士交好，娶得一位富有的妻子。

丢勒的母亲芭芭拉是一个勤俭持家、漂亮正直的女子，与老丢勒结婚的那一年，她年仅15岁。此后的24年间，她为这个金匠家庭生育了18个子女，操劳了一生。1514年3月19日，丢勒在母亲去世的前两个月，为母亲画了最后一幅肖像画。母亲一生辛苦劳碌，丢勒借这幅画像表达对母亲的深切情感。丢勒的人物肖像画不着重于人物外表的模仿，而是重在捕捉人物的性格和内心世界，即便是没有学过画画的人，也能够从中感受到人物的性格特点。他并不刻意美化描绘对象，而是用敏锐的观察力来观照对象的内心世界。神情、头发、手等细节都是丢勒展现描绘对象的载体。在这份肖像画中，丢勒的母亲有着坚定有力的目光，紧闭的、瘦薄的嘴唇，嶙峋的脖颈和凹陷的面颊。寥寥数笔，饱经命运沧桑、深受病痛折磨的母亲形象跃然纸上。

《祈祷的手》

丢勒还有一幅广为人知的绘画作品——《祈祷的手》，这是一幅能给人以安宁与力量的绘画。据说，这幅画的背后还藏着一个感人的真实故事：15世纪纽伦堡一个并不富裕的金匠家里，有两个孩子正依靠一枚硬币来决定未来的命运，他们便是丢勒和他的哥哥。两个孩子都酷爱画画，然而这个贫困窘迫的家庭却无法支撑起他们的梦想，于是兄弟俩决定用抛硬币的方式，选出一个人去学习绘画，另一个则去矿场打工来为其赚取学费，等到对方学成归来的时候，再让第二个人去学习。结果丢勒胜出了，他被父亲送到了居住在纽伦堡附近的画家迈克尔·瓦尔盖默特的画室，系统地学习绘画知识，精心地研究色彩的搭配和运用，仔细地钻研植物的状貌和人体的结构。超凡脱俗的天赋加上系统专业的训练，使丢勒在绘画上如鱼得水。几年后丢勒学成归来，可是他的哥哥却因在矿场长期劳苦工作，手指已不再灵活，关节也变得麻木僵硬，再也无法拿起画笔了。

因此，丢勒一生都很感激他的哥哥。1508年，他以哥哥的双手为蓝本，创作出这幅震撼人心的画作。在灰褐色的背景上，丢勒只画了一双正在合十祈祷的双手，他那细致入微的洞察力在这幅画作中被体现得淋漓尽致。那是一双饱经沧桑的手：皮肤干燥粗糙，青筋暴起，关节僵硬，却展现出一种格外温柔虔诚的姿态，爆发出一种具有感染力的张力之美，让观赏者无不为之动容。

丢勒的成功，不仅仅是由于他天赋异禀，拥有绝佳的色彩领悟能力和图像捕捉能力，同时还因他拥有温馨和睦的家庭的支持、亲人们不遗余力的鼓励。他的父母、兄弟，对他而言，是他的珍宝，同时也是他笔端临摹的对象。丢勒用这种方式去表达他对亲人们的爱意和感激。

两次意大利之旅

丢勒一生曾两次穿过阿尔卑斯山到达意大利，他为此深感骄傲。因此阿尔卑斯山也曾多次出现在他的画作当中。

1494年，23岁的丢勒第一次来到意大利，他惊讶于眼前的异域风光，并用画笔记录下了所见。意大利在这个年轻人眼里是一个全新的世界，那些陌生的海产品、从未见过的昆虫、迷人的风光，都在丢勒的画作中有所体现。丢勒第一次有了一种不同于哥特式艺术风格的全新审美体验。这次意大利之旅让丢勒体会到了不同的美，更让他明白美的标准不是唯一的。在一幅名为《威尼斯妇女》的画中，他表达了对女性之美的独特见解。威尼斯女人身体丰满莹润，穿着宽大舒适的裙装，与他的家乡纽伦堡那些衣着朴素、瘦削刻板的女人截然不同。

在第一次意大利之旅中，丢勒还结识了一群优秀的艺术大师，尤其是威尼斯画派重要画家乔凡尼·贝利尼。他对丢勒的绘画风格带来了巨大影响："游学威尼斯对意大利美术的体验，使丢勒的绘画风格获得了一种形式上的明确和安定，对人体解剖的把握、空间表现的探索，而且受到佛罗伦萨画派的影响——一种新绘画的表现手段被采用了。"[①]1496年丢勒回到了自己的家乡纽伦堡，从此更加孜孜不倦地钻研艺术，认真学习人体的比例与构成，探索空间透视，并在绘画创作中融入了从意大利学到的构图方式。此后，丢勒的作品中出现了许多令世人关注的新方向：裸体、群像、动作、表情、异教的主题及强有力的铸型、短缩法、雄劲有力的线条等。"如果要在德国美术史上使用文艺复兴概念的话，那么是和丢勒的艺术同南欧的美术邂逅及摄取分不开的。这就意味着丢勒是德国文艺复兴运动的开拓者、创始人。"[②]正是此次意大利之旅，让丢勒吸纳了意大利的艺术精华，使德国艺术摆脱了传统哥特式艺术的影响和束缚，汇入了人文主义的血液。

1505年，34岁的丢勒第二次来到意大利。他的目光已由异域风光转移到了意大利文艺复兴鼎盛时期的艺术上。他对意大利人文主义热爱人、关爱人的思想有了更深层次的理解，也在色彩的感知上有了更深的造诣。在他之前，或是他同时代的德意志画家里，从没有人像丢勒这

---

① 滕国兴，杨金平．丢勒的意大利体验（上）[J]．彭城大学学报，1991（1）：47.
② 滕国兴，杨金平．丢勒的意大利体验（上）[J]．彭城大学学报，1994（3-4）：21.

样对意大利艺术有这么深刻的体验，尤其这种体验还是关于鼎盛时期的文艺复兴的。意大利文艺复兴之美伴随着丢勒游学的体验一起越过了阿尔卑斯山脉，从德意志开始向北欧各地传播。因此，丢勒不仅是德国文艺复兴的第一人，也是传递文艺复兴的一个使者，他大大加速了文艺复兴运动在北欧的展开。

《玫瑰花环的盛宴》是丢勒这一时期最重要的作品，是其为德国侨民在威尼斯聚居区的圣巴尔托洛梅奥教堂所创作的祭坛画。这幅画作在 1506 年创作完成，画中共绘制了 20 个人物。当我们看到这幅画时，能立刻感受到其中所呈现的对称性和稳定性：圣母玛利亚、教皇和皇帝共同构成一个稳定的三角形，教皇和皇帝、捧着皇冠的天使和两侧的臣民对称分布，这种对称的金字塔构图显然已具备强烈的文艺复兴时期的艺术特征。

这幅画颜色鲜艳，用色巧妙，能体现出丢勒对意大利威尼斯画派大师贝利尼、乔尔乔内和提香的绘画方法的借鉴，例如皇帝和教皇所穿的服饰，就与贝利尼的绘画人物服饰有着很大的相似之处。丢勒在这里表现出了对色彩的创造天赋，他笔下的人物服饰呈现出极为巧妙的明暗效果，富丽堂皇，华丽雅致。这些服饰中的颜色全部是他用两种以上的色彩反复描绘而成的，这在他之前的画作里是从未出现过的。“从此，丢勒绘画作品里丰富悦目的色彩代替了此前画作里的传统线绘的造型，多彩的画面代替了单色的平涂，单薄的画面拥有了厚重的雕塑感，这种新颖、浑厚的绘画风格依旧受益于丢勒第二次的意大利之行。”①

在这幅《玫瑰花环的盛宴》中，丢勒表达出了对意大利文艺复兴的人文主义更深层次的理解，他用画作表现他对人之存在的关心，传达出社会平等的观念。他把教皇和皇帝处在了对等平衡的位置，表达

① 杨金平．论意大利之行对丢勒绘画风格的影响［J］．彭城职业大学学报，1999（1）：48.

工作台

了在上帝面前，圣、俗是平等的观念。“如果考虑到15世纪末和16世纪初德国社会的现状，由教皇代表的教会势力统辖着世俗人的社会，由神的思想禁锢着人的思想，我们就不得不由衷地敬佩丢勒在该作品中表现出来的无比勇气和他的人文主义者的深刻思想。”①

两次意大利之行，对丢勒影响巨大。丢勒拜会了自己倾慕已久的艺术家，也把意大利先进的艺术思想带回了自己的家乡。这对德国的影响也是巨大的。当以意大利为首的欧洲各国走出中世纪，走向开放与繁荣的时候，德国却正在经历着饥荒、瘟疫和混乱。丢勒就像一束光，在德国最黑暗困顿的时候照了进来，让人文主义的光辉开始点亮那个沉睡的国度。他作为德国文艺复兴运动的重要代表，开创了德意志民族艺术的新纪元。

① 杨金平. 论意大利之行对丢勒绘画风格的影响 [J]. 彭城职业大学学报，1999（1）：48.

信仰的坚守

如果你想彻底地了解丢勒，就要了解丢勒所处的时代。那是一个政治混乱、信仰摇摆的时代，15 世纪末 16 世纪初的德意志，瘟疫横行，战争不断，贵族们荒淫奢靡，教会横征暴敛，民众苦不堪言，迷茫困惑。在丢勒所处的时代，绘画的作用远大于文字。文字在当时仅能被少数人使用，而图画是面向整个社会的，并且成为人们传达内心愿景的一个重要工具。“文艺复兴时期德国人对信仰的虔诚程度得到了强化和深化……意大利文艺复兴的开始是用形式表达的，德国文艺复兴的开始则是用《圣经》来表达的。”① 因此，艺术家被赋予重任，他们需要不断地用更加出色的绘画作品来展现宗教题材，以此表达对宗教信仰的坚守和对文艺复兴的支持。

丢勒带着对宗教信仰的虔诚，以一个有担当的艺术家的姿态站了出来。丢勒与维利巴德・皮克海默、拉扎鲁斯・斯宾格勒两位挚友共同经历了历史上波澜壮阔的宗教改革运动，一起成为马丁・路德的支持者。早在 1517 年马丁・路德公开发表《九十五条论纲》之前，丢勒就曾为这篇文章的德文版绘制插图。随着宗教改革运动的深入，纽伦堡的人文主义也有了新的发展。1517 年，路德小组成立，成员包括丢勒和他的两位好友以及市政委员皮克海默、秘书长斯宾格勒。皮克海默和斯宾格勒两大家族有很多人在市政府担任要职，皮克海默更是小组的领导人。此后，丢勒一直与这些支持路德的志同道合的挚友们以及纽伦堡人文主义者交往，致力于德国人文主义的发展，以他的画笔来表达他对宗教坚定而虔诚的信仰。

丢勒能把用语言无法表达的东西转移到画纸上，甚至能表达出语言

① 韦措尔特．丢勒和他的时代 [M]．朱艳辉，叶桂红，译．北京：北京大学出版社，2009：253.

故居画室

本身。他认为绘画能使那些受伤的心灵得到救赎，也可以使自己的宗教信仰得以传递和表达。“对宗教的虔诚是丢勒生命的根基，是他艺术创作的源泉和动力。他恪守中世纪的信念，认为艺术家连同其艺术应是上帝的工具，希望将自己内心深处对宗教的虔诚用绘画语言表达出来，从而使自己从良心的责难和心灵的伤痛中解脱。”[①] 带着对科学与文化的推崇与人文主义精神的关怀，丢勒创作了一系列宗教题材的艺术作品。

1498 年，丢勒以《圣经》中的《启示录》为题材创作出 15 幅木质版画，表达了他对死亡、贫困及战争的看法。丢勒把《圣经》里抽象的世界给具象化了，让迷茫无助的人们找到了心灵的慰藉，传达出人生的真理，并激励人们为了真理而奋斗。《启示录》系列版画中最受人欢迎的是《四骑士》。这幅版画表达了丢勒对《圣经》隐喻义的自我理解与对现世的

① 吕秀峰. 西方大师经典·丢勒 [M]. 合肥：安徽美术出版社，2011：12.

强烈关照。

《四骑士》画面上布满了层层乌云，渲染了一种紧张的气氛，暗示了一场血雨腥风的到来。象征刀剑、饥荒、瘟疫、野兽的四位骑士及他们的坐骑占据了画面的绝大部分，如携领千军万马般向人类世界席卷而来。画面角落里那些来不及躲避的人们，在苦苦挣扎，表情痛苦而惊恐，充分表达了对苦难现实世界的惧怕。丢勒曾多次在游记手稿中表达对生命的敬畏，对世人的怜悯，对疫情的担忧。丢勒对《启示录》的阐释建立在中世纪人的情感和态度框架的基础上，他画作里呈现的担忧和痛苦，又何尝不是千千万万的德意志人的担忧和痛苦呢？也许只有那个时代的人们，才能对丢勒的画作产生一种感同身受的共鸣与更为深刻的解读吧。

丢勒于 1526 年创作的大型油画作品《四使徒》同样是一幅震撼人心的宗教题材的画作，这是他晚年宗教题材画作的重要代表作品。这是一幅双联画，由两个 215 厘米乘以 76 厘米的画面组成。这幅画从左到右依次描绘了约翰、彼得、马可和保罗四人，他们分别代表着乐观、冷静、

故居画室

暴躁和忧郁。约翰年轻俊朗，他穿着绿色上衣、红色罩衫，手持经书聚精会神地阅读；与约翰共读经书的彼得，手中捧着金钥匙，有着络腮胡子、宽大的前额，给人以一种温和安静的感觉；马可手握书卷，身穿与背景颜色相近的深色衣服，警惕地注视着周围；最右侧的保罗左手捧《圣经》，右手持利剑，身材高大，披一件浅色的大氅，眼神锐利地看向一侧。整幅画作人物形象丰满，性格鲜明，蕴含着一股强大力量。约翰和彼得似乎在研究真理，而马可和保罗似乎在守护真理。

在这幅《四使徒》上，他用题签的方式写下如下题词："在这动荡不安的年代，愿所有执政者时刻戒备，别把谬言视作神谕，因为上帝从不给自己的话增减只字。为此，我希望大家聆听这四位至尊至善的使者的劝告。"可见丢勒创作这幅画的意图是向人间的统治者发出警告，歌颂正义，反对邪恶，体现了他的人文主义观念。据说画中的约翰形象是以德国宗教改革运动杰出活动家麦朗赫顿的肖像为蓝本创作的，因此这幅画也代表了丢勒对宗教改革的态度。这幅油画以其深刻的主题和内涵，成为德国宗教改革时期的一座艺术纪念碑。

"德国的达·芬奇"

成就卓越的丢勒为德国带去了文艺复兴之光，这让人们常常将之与同样博学多才的意大利文艺复兴时期的艺术家达·芬奇相对比，丢勒也因而被世人称为"德国的达·芬奇"。恩格斯评价丢勒多才多艺、学识渊博，不仅是雕刻家，还是建筑家、油画家、版画家。

丢勒广泛涉猎绘画中的多个门类，他现存的作品中，约有千余张素描、数百幅版画和七十余幅油画。他在版画方面的影响尤为重大，最出色的是木刻版画和铜版画。金匠家庭氛围的耳濡目染，以及在迈克尔·瓦尔盖默特做学徒的时候，曾为印刷商安东·科贝尔格制作过木刻插画的经历，为丢勒在版画艺术领域取得卓越的成就打下了坚实的基础。他把金匠缜密的手法融到版画制作当中，用铜版画的制作技巧丰富了木版画技术，把还在萌芽阶段的木版画技术推至成熟完美的阶段。

丢勒的素描作品采用的工具也非常丰富，有银尖笔、钢笔、鹅毛管笔等。他的素描题材和达·芬奇的画作一样，非常广泛而随意，其作品涉及各个领域，精细程度完全可以同达·芬奇的画作相媲美，足可见这位艺术大师的眼界之宽广，观察之细微、透彻。例如他所作的《野兔》和《草丛图》等，取材于不被其他画家所青睐的普通动植物，却以高超细腻的笔法、优美严谨的线条，刻画出了寻常草木的灵动可爱之处。1508 年的银尖笔素描作品《衣纹习作》，体现了丢勒在服饰方面的研究，不仅真实地展示了织物严密精致的线条、如雕塑般结实厚重的质感，还表达出隐藏在起伏衣纹里的脉脉温情。丢勒始终认为，关于真的艺术存在于自然之中，谁能发掘它，谁就能掌握它。

同达·芬奇一样，丢勒不仅勤于绘画实践，也热衷于理论研究。他没有把视野限制在艺术的领域里，而是用科学的头脑深研数学和透视学，并写下了大量笔记和论著，在科学领域也有着自己独特的理论见解。

1507 年至 1508 年间，丢勒认为当时德国有许多致力于艺术的青年，但是苦于没有理论基础，单凭日常的绘画实践，很难在艺术上有所造诣，更不可能成为杰出的画家。丢勒决定编撰一本百科全书式的绘画指南书——《绘画论》，预想涵盖所有与绘画有关的知识理论，用以培养青年艺术家。遗憾的是，这部著作并没有完成，但它却为后人留下了大量珍贵的美术史料。

1525 年，丢勒的重要著作《测量教程》出版，由此他跃居文艺复兴时期一流艺术理论家之列。《测量教程》基于比例的理论讲述了几何学和透视学，它还是一本带有鲜明时代特色的画工指南，此书开启了后人称之为“丢勒时期”的德国艺术之风。在书中，他强调了艺术的作用与重要性，不赞成路德反对艺术的立场，也不赞成宗教改革激进派要求取消教堂雕塑和绘画的提议。从这里即可看出，丢勒对文艺复兴的人文精神是充分肯定的。

1527 年，丢勒创作了一部科学著作《筑城原理》。在作品中我们能

故居厨房

看到城市的规划设计以及大炮的设计图案，他的筑城学体系也在这部著作中得以展现。

1528 年，丢勒的《人体比例四卷书》成稿，这是他 27 年来对人体解剖学研究的结晶。《人体比例四卷书》与《测量教程》的理论一脉相承。丢勒在著作中充分强调比例在绘画中的重要性，认为人像绘画的精髓在于掌握人体的比例。《人体比例四卷书》体现出了丢勒美学的两大特点：其一，对比例学的深入研究。丢勒把人体的比例和建筑的比例关联起来，例如他将人体与圆形的建筑相联系，设想一人伸展手足，置圆规支脚于肚脐之上，那么划出的圆周将会触及他的手足。而两手伸开的宽度相等于人体高度的原理，又为正方形的建筑提供了模型。其二，他认为绘画艺术是一种客观、自然的模仿。丢勒强调科学的美学立场，他认为美不是臆造的，而是一种基于客观事实的科学存在，没有谁能仅凭幻想创作出伟大的人体。

丢勒和达·芬奇是恩格斯在《自然辩证法·导言》中所提到的“仅有两个首先是以艺术家名传后世的文艺复兴巨人”。18 世纪的歌德也赞叹：“当我们明白了丢勒的时候，我们就在真实、高贵，甚至丰美之中，认识了只有意大利人可以与之相匹的价值。”就绘画作品及北欧艺术哲学的理论成就而言，丢勒基本是前无古人，鲜有来者了。

1528 年 4 月 6 日，丢勒这颗灿烂的文化巨星陨落了。晚年的他虽然饱受病痛的折磨，但直至去世前，他都始终笔耕不辍。从绘画艺术创作，到艺术理论研究，丢勒对艺术的理解和感悟，随着时间的流逝一步步加深。他借助绘画来表现自己内心的所想所感，来展现他对世界和社会的体验，留下了大量的木刻版画、油画以及素描作品。尤其是他的版画，为艺术的传播发挥了重要作用。线条和色彩在丢勒的画笔下，不再是无生命的客体，而是拥有了情感、思想和灵魂，成为丢勒表达自我的载体。丢勒虽出身于中世纪的工匠之家，但在当时艺术家地位极为低下的德国，他却凭借自己的努力和对艺术坚定的信仰，成为受全欧洲人敬仰的艺术家。作为“自画像之父”，丢勒力图将自己的相貌及其一生以绘画的形式保留下来，这也影响到许多后世画家，他们纷纷以自画像的形式记录自己的人生。那些位于画面中心的自画像体现出了丢勒强烈的自我意识，也激励着千千万万的人去寻找自我，努力做一个独立而有尊严的人。

丢勒作为德国文艺复兴运动的奠基人，他相信艺术家们必须要深入自然和发现宇宙的奥秘，以此揭示和表现美，因此他的画作中常常能够体现出科学的结构比例，以至他后来从人体和动植物的绘画创作上升至理论研究，深入且系统地总结他对生物图式和艺术规律的理解，不断著述，创作出一批影响深远的艺术科学著作。同时，他也相信艺术家们甚至艺术，皆是上帝的工具，为此他也以虔诚的心态创作了一批宗教题材的艺术作品。那是他强烈的社会责任感的体现。他把对这个时代和社会的认知融入自己的画作中，与德国的宗教精神遥相呼应。

丢勒平生喜爱旅行，足迹甚广，眼界开阔，倾慕先进的人文主义思想，广泛学习各种优秀的绘画艺术理念，特别是两次意大利之旅，对他而言意义非凡，并将意大利文艺复兴思想带入德国。作为意大利文艺复兴的追随者和传播者，他不仅仅带来了艺术的革新，更带来了思想的启蒙，开启了德国的文艺复兴历程，他希望用自己点亮的微光照亮德国，也照亮这个世界。这位伟大的德国艺术家，是德国文化和艺术的标志性人物。

如果你想追寻他的足迹，你可以来到他的家乡纽伦堡，那是个处处能听到丢勒“回声”的地方。在德国美术史上，丢勒所处的那个时代被称为“丢勒时代”；自 1815 年开始，德国人为了纪念这位艺术大师，每年都会举办以他名字命名的“阿尔布雷希特 · 丢勒节”；皇帝堡下面那个美丽的广场叫作“丢勒广场”，而在广场上，那个醒目、高耸的雕像就是丢勒的雕像；你还能在这座城市到处看到以丢勒名字命名的饭店和咖啡厅……一切的一切，都能让你感受到丢勒在德国人心里的地位。德国人从不曾忘记他——他，是整个德国的骄傲。

（撰稿：毛紫昀、王梦琪）

参考文献

丢勒 . 版画插图丢勒游记 [M]. 彭萍，译 . 北京：中国人民大学出版社，2004.

克拉克 . 艺术与文明：欧洲艺术文化史 [M]. 易英，译 . 上海：东方出版中心，2001.

吕秀峰 . 西方大师经典 · 丢勒 [M]. 合肥：安徽美术出版社，2011.

潘诺夫斯基 . 丢勒的生平与艺术 [J]. 陈平，顾琳，译 . 美苑，2009（3）.

本内施 . 北方文艺复兴艺术 [M]. 戚印平，毛羽，译 . 杭州：中国美术学院出版社，2001.

滕国兴，杨金平 . 丢勒的意大利体验（上）[J]. 彭城大学学报，1994（3-4）.

韦措尔特 . 丢勒和他的时代 [M]. 朱艳辉，叶桂红，译 . 北京：北京大学出版社，2009.

杨金平 . 论意大利之行对丢勒绘画风格的影响 [J]. 彭城职业大学学报，1999（1）.

周施廷 . 丢勒与故乡纽伦堡的市民文化 [J]. 文化艺术研究，2013（3）.

米开朗基罗

作为欧洲文艺复兴运动的发源地、世界艺术之都，意大利佛罗伦萨是所有艺术家心目中的圣地。这里的每个角落都充盈着艺术精灵，这里曾经群星闪耀，许多艺术巨人在此流连忘返。这里有一个名叫卡普雷塞的山地小镇，1475年的初春时节，一个诞生于此的男孩让这个小镇在欧洲艺术史上留下了浓墨重彩的一笔。后来，这个小镇改名为卡普雷塞·米开朗基罗，迎接着来自世界各地的艺术家和朝圣者的朝拜。这个男孩就是文艺复兴三杰之一——米开朗基罗·博纳罗蒂。在他出生后不久，他随父母搬到了佛罗伦萨，并在此居住了20多年。他去世后，他的侄子把他在佛罗伦萨的故居改建为故居博物馆，迎接着世界各地的游人。当熙熙攘攘的人群经过故居博物馆那扇朴素的圆拱形小门，门廊上米开朗基罗的半身雕像严肃而审慎地注视着一切，那严谨而忧郁的眼神、饱经风霜的面庞和满是怀疑的神情俨然在诉说着这位伟大的艺术家曲折传奇的一生。

米开朗基罗家族在佛罗伦萨历史悠久，是当地的名门望族，在这座自由又专断、热情又冷傲的城市里，曾有一段时间地位显赫，仅次于美第奇家族，但在米开朗基罗祖父之时逐渐败落，至米开朗基罗出生时，几近破产。

尽管在米开朗基罗生活的时代，佛罗伦萨处处暗潮汹涌，但他对它的热爱从未消减，这里充满着狂热、骄傲的气息，这里的居民聪慧、热情、顽固。他近乎狂热地挚爱着自己的家乡，渴望一生都住在佛罗伦萨。他于1492年完成了自己的处女作《阶梯旁的圣母》，稍后又完成了《山陀儿之战》。创作之时，米开朗基罗刚满20岁。这一系列古典风格雕塑简直有“以假乱真”之嫌，经常被人误以为是真正的古典遗物。在16世纪初，米开朗基罗受佛罗伦萨政府的委托，创作了《大卫》雕像。这件作品受尽世人赞誉，是年轻的米开朗基罗的成名作，尽管后来遭到不同程度的损坏，但依旧神采奕奕，守护着这座历史悠久的城市。

佛罗伦萨对他来说也充满惶惑和痛苦。米开朗基罗在自己深爱的故乡失去了健康、精力、信心，最终离开了佛罗伦萨，客居罗马，直至去世后才重新回到这座令他魂牵梦萦的城市。而米开朗基罗留在佛罗伦萨画室中的胜利者雕像——这位征服一切的胜利之神，如同墓志铭一般诉说着他的一生。

米开朗基罗故居（意大利佛罗伦萨）

在米开朗基罗89年的人生岁月里，他的艺术生命如赫赫有名的西斯廷教堂穹顶的阳光一般灿烂而热烈。他是文艺复兴的践行者，对于他来说，生命本身就是一次创作。尽管他已受万人敬仰，但他永远矛盾，永远对自己不满，对自己万分苛责，他的作品永远未完待续。他在最灿烂的时光里耗尽全部气力，在最伟大的创作中不断燃烧自己，直至生命的尽头。

1868年，建筑家朱塞佩·波吉在佛罗伦萨市区的南端设计建成米开朗基罗广场，此后这座广场成为俯瞰这座城市全景最美丽的地点。初建成时，广场中心伫立着米开朗基罗的大理石雕像《大卫》。后来，佛罗伦萨政府为保护这件艺术品，用一座青铜铸的复制品替换了原作，并将原作存放进佛罗伦萨美术馆内。《大卫》作为佛罗伦萨的象征，接受着来自世界各地的游人的瞻仰。而《大卫》的脚下，《晨》《暮》《昼》《夜》仿佛生命的时钟，诉说着米开朗基罗辉煌不凡的艺术生命，同时也见证着这座城市几百年以来的历史变迁。

向石而生

1475年3月6日，米开朗基罗·博纳罗蒂诞生在意大利卡普雷塞市政厅生活区的一间小屋里。他父亲是卡普雷塞和丘西两个地区的最高行政长官，母亲来自当地的一个贵族家庭，有着良好的修养。米开朗基罗6岁时母亲去世，后来他被寄养在一个石匠家。这使他自小便与当地的众多孩子不同，他缺乏母爱，在别的孩子依传统学习拉丁文和希腊语的读写之时，他却在这个石匠家庭中不断练习使用各种尺寸的锤头与凿子，埋头于石头的造型艺术中无法自拔。尽管在这之后他被家族送进学院读书，但依旧对雕刻艺术兴致不减，以至于他没能像其他孩子一样熟练运用拉丁语和希腊语，但他对此毫不介意，总是逃课去模仿各个大家的作品。

儿时的经历对米开朗基罗的人生影响是巨大的，雕塑成为他一生最热爱的事业。尽管他的壁画艺术也造诣颇高，但米开朗基罗却对其兴致不高，并明确表示："那不是我的行当。"他的父亲脾气暴躁、比较爱面子，这样"不高雅"的兴趣使他的父亲非常愤怒。父亲认为画家和雕塑家都是地位低下的工匠，他的儿子们都应该经商或从政，而不是做穷困潦倒的艺术家。因此，父亲经常讥讽、殴打他，使米开朗基罗从小便饱受冷眼，尝尽孤独。幸好，他的坚持有所回报。在友人的推荐下，13 岁的米开朗基罗顺利进入了佛罗伦萨著名画家吉兰达约的画室学习绘画和制作湿壁画。可以说，从这时起米开朗基罗的漫长艺术生涯便开始了。在这里，他接受了正规的系统的绘画训练，水平快速提高，很快他的临摹作品就超过了老师的原作，引起了老师的嫉妒。后来他转入罗伦佐·特·美第奇主办的雕塑学校，跟随雕塑名家贝尔托多·狄·乔凡尼学习雕塑技艺，并对意大利现实主义大师们的作品进行了深入研究。在此期间，为了研究人体构造，他冒着犯罪的风险亲自解剖尸体，直到他认为已经足够了解人体的秘密。这几年的学习经历为他今后的艺术创作打下了坚实的基础。

故居正门

1494 年，米开朗基罗因法军入侵离开佛罗伦萨，前往博洛尼亚。在这里，他曾聆听过僧人吉罗拉莫·萨沃纳罗勒的讲道，其末世论的观点对他的思想产生了深刻的影响。1496 年，他前往罗马，仔细研究了古代雕像和意大利文艺复兴时期其他画家的作品。之后他完成了第一座比真人还大的雕塑作品《酒神巴库斯》。他通过对巴库斯的姿态和面部表情的精准把握，完美塑造了一个醉酒者的形象。在他的创作中，不管人物的躯体在剧烈运动中怎样扭动和旋转，但人物的轮廓总是保持着稳定。其原因是，米开朗基罗从一开始便将他对人物的想象隐藏在他所雕刻的巨大石块之中，而他的任务仅仅是把覆盖在人物上面的石头去掉而已。

同样不凡的雕塑能力展现在他 1498 年开始创作的作品《哀悼基督》中。这座雕塑是米开朗基罗唯一一件署名的作品，是为罗马圣彼得大教堂创作的。这尊雕像取材于《圣经》中的故事，描绘了耶稣死后，圣母玛利亚抱着他悲痛欲绝的情形。虽然是《圣经》题材，但米开朗基罗的作品却展现出了与以往不同的形象。他将圣母刻画成了一位年轻的少女，认为圣母那永恒的青春与高贵的形象象征着人类追求美好事物的理想。在这个作品所营造的氛围里，基督无力地横躺着，头向后低垂，面容安详沉静；圣母则身着宽大的长袍，俯视着怀里的儿子，陷入深深的悲痛之中。在这部作品里，宗教改革家萨伏那洛拉其实就是米开朗基罗心中殉道者基督的形象。他曾经常听这位勇敢的改革家揭露教会黑暗统治的演讲，但这位勇士惹怒了教会，最终被教皇逮捕，并处以火刑。米开朗基罗在作品中投射了自己对萨伏那洛拉的情感，圣母所显示出的悲恸是他发自内心的呼喊。在那个动乱的年代，多少人被迫害，多少人不顾个人生死毅然为民请命。这座雕像已然超出了题材的局限，生与死、慈爱与悲哀、绝望与希望在其中和谐共生。这一鬼斧神工的作品一经问世便引起轰动，人们对这位年轻的雕塑家崇敬万分。在作品揭晓之后，米开朗基罗第一次也是最后一次将自己的名字刻在作品上。

故居内景

1502 年，米开朗基罗受家乡佛罗伦萨

委托雕刻一座先知者像。本来这一任务将由意大利著名雕刻家阿戈斯蒂诺完成，可由于工程过于浩大，没过多久他便放弃了。40 年之后，这一任务交到了年轻的米开朗基罗手上。经过两年多时间的艰苦工作，一块 5 米多高的大理石摇身一变，成了西方美术史上最值得夸耀的男性人体雕塑之一——《大卫》。大卫的故事源于《圣经 · 旧约全书》中一个牧羊少年的故事：他在以色列与腓力士交战的紧要关头，用机弦甩石击杀了敌方将领，使以色列成功驱敌，大获全胜。米开朗基罗雕刻刀下的大卫像将人体结构和每一寸筋肉都表现得极为真实、自然，让人仿佛看到这位勇士炯炯有神的双眼和对抗敌人的英勇场面。米开朗基罗的《大卫》不仅展示了健康、有力的人体，而且展现了为正义事业而奋斗的人文主义精神。如今，这座雕像依旧以坚定而深沉的姿态迎接着成千上万的参观者，让人们在感受到强烈震撼的同时，也看到了佛罗伦萨乃至整个意大利摆脱中世纪的黑暗专制，重获新生的喜悦。

惊世画才

米开朗基罗虽然从不觉得自己是个画家，但他的艺术学习生涯确实是从绘画开始的，并且他的绘画风格与当时杰出的画家达 · 芬奇或拉斐尔迥然不同。作为一位致力于雕塑的艺术家，米开朗基罗的绘画作品也具有很强的雕塑感。他认为绘画越有浮雕效果就越出色，他的绘画作品《圣家族》便成功地展示了他的绘画理念。这幅画中圣约瑟、圣母以及圣婴三位主人公呈金字塔状，以螺旋式动作聚在一起，四肢构成链条状。他在多年之后才解释自己的构图韵律道：“人像应呈金字塔形，弯曲而柔韧，并放大一倍、二倍或者三倍。”[①] 这种构图形式及人物的姿态在米开朗基罗之后的壁画作品中被大量使用。

---

① 许乐. 米开朗琪罗关键词 [M]. 长沙：湖南美术出版社，2010：42.

《创世纪》（局部）

只要提起米开朗基罗的壁画作品，人们必定会想到他的伟大作品——《创世纪》。这个令无数人惊叹的穹顶壁画，耗时四年，其中每一笔、每一抹色彩都是米开朗基罗自己调色、涂抹上去的，每一个人物都浑然天成、栩栩如生。其中令人最为动容的一幕无疑是《创造亚当》了。躺在地上的亚当拥有男子的勇敢与坚毅，由天使簇拥着的圣父身上披着被风吹起的薄衫自宇宙深处飞来，画面奇妙地和谐共生，一切的焦点都集中在代表着圣洁与希望的圣手一触的瞬间。在米开朗基罗之前，也有艺术家画过亚当与上帝之手相触获得生命的景象，但没有人能用如此单纯、生动的形式来表现这一幕。

西斯廷礼拜堂的堂顶长 40 米，宽 14 米，呈穹窿形状，总面积将近 600 平方米。米开朗基罗一个人在偌大的梵蒂冈教堂里绘画，身边只有一个支撑他身体的台架。他就这样日复一日地躺在台架上,仰视着绘画。这是教皇受米开朗基罗的敌人挑唆，硬塞给他的一项差事。人人都说这是个不可能完成的任务，米开朗基罗居然应允了。教皇为他从佛罗伦萨招来好几个有壁画经验的画家，但均被米开朗基罗拒绝，他选择一个人完成这项巨大的工程。这一艰巨的挑战使他身心俱疲。他不止一次在与父亲的信件中说到自己的困难,他一度处在极度的苦恼之中。四年之后，这段黯淡的时光却成为他艺术生涯中最为光辉的岁月。1512年的诸圣节，米开朗基罗把陪伴了他四年的台架撤去，展出这一惊世之作，人们无一不惊叹于这位年轻艺术家的惊人创造力。

20世纪80年代，在清除了穹顶上的烛灰与尘垢之后，作品强烈明亮的色彩重现于人们眼前。在如此巨幅的画面中，填满了众多人物，创世纪和诺亚的故事被画在穹顶中心，窗户上《旧约》中的先知奇妙地互相对称。米开朗基罗在穹顶上画了343个人物，如此多的人物聚集在一起，却不会使人感到过于拥挤，反之，当人们仰望穹顶时，一切是那么单纯而和谐，均衡而清晰。

《创世纪》成功了，但米开朗基罗的身体被这项工程摧垮了。年仅37岁的米开朗基罗竟像一个佝腰驼背的老人，尽显老态。由于长时间仰头甚至躺倒作画，他视位变异，无法平视事物，只有将书信举在头上才能看清。

20多年之后，米开朗基罗再一次走进西斯廷礼拜堂，创作了《最后的审判》。在同样的教堂，做同样的工作，唯一不同的是，米开朗基罗创作《最后的审判》时已迈入花甲之年，体力已大不如前，意大利也发生了很大的变化。创作期间，他曾从脚手架上摔下，腿部受伤，可他仍旧以顽强的意志、不朽的创造力完成了这一震撼人心的杰作。1541年圣诞节，教堂宣布对外开放，络绎不绝的罗马市民涌入西斯廷教堂，那面积约200平方米的巨幅壁画，那些在米开朗基罗笔下的圣子、圣母、圣徒和芸芸众生，一切的一切在人们面前回旋转动。值得注意的是，后来有人发现《最后的审判》中竟有米开朗基罗自己的画像。几百年来，多少人在它面前经过却没有注意到这个艺术家的身影。画中，他是一副“臭皮囊”。圣人圣巴托罗纽身处基督脚下，跨坐在一朵云上，他左手提着这具皮囊，右手紧握着那把置他于死地的尖刀，眼睛看向别处。这不仅是米开朗基罗在作品中的特殊署名，也代表了他对死亡的态度。在这位伟大的艺术家眼中，他自己只不过是一具臭皮囊，上帝是严厉的审判者。而他，一个基督最谦卑的信徒，与芸芸众生一样，满是罪孽与悔恨，等待着最后的审判。

心灵冲突

“燃烧着硫磺般的心，没有向导的灵魂，无法约束炽热的意愿，激情迸发出恼人的傲慢。”①米开朗基罗在诗中对自己的性格这样评价。1512 年罗马教皇尤里乌斯二世去世，并留下遗嘱，委托米开朗基罗继续为他建造陵墓，但新任教皇要求他为美第奇家族建造教堂。种种压力将他压垮了，最终陵墓工程只完成了摩西像和几尊奴隶像。摩西像虽开始创作于 1513 年，却在 1545 年才真正完成。教皇的反复无常，使陵墓的施工几经起落，米开朗基罗的英雄梦也因此受挫。在意大利文艺复兴的最后时期，教皇的催促以及各种生活困扰纠缠着他，米开朗基罗在忧愁中挣扎，以至于在近 12 年的时光中，他没有一件成功的作品。忧患和孤独终日困扰着他，制约了他的想象力。尽管米开朗基罗认为自己荒废了时光，英雄梦想破灭，但对我们来说，这仅有的几尊雕像已是西方艺术史上的巨大财富。

如果说摩西像所要传达的是一种神圣的威严，那么奴隶像表现的便是反抗强权、解放人性的意志。米开朗基罗的奴隶像虽然沿袭了罗马纪念碑的传统，放置在陵墓柱子两边做装饰，但雕像所包含的意味却大不相同。他将奴隶雕塑塑造成渴求解放而不得的青年壮士，在他们身上抒发出对统治者束缚、压迫的反抗精神。米开朗基罗的奴隶像包括《垂死的奴隶》和《被缚的奴隶》，二者如今收藏于卢浮宫。《垂死的奴隶》也叫《入睡的奴隶》，作品中，奴隶裸着身躯被缚在石柱上，双眼紧闭，左手抱着头部，右手弯曲在胸前，肌肉呈现出松弛的状态，他似乎因为不堪折磨，昏睡过去。睡梦中的奴隶没有痛苦或挣扎的动作，神色安详，

① 许乐. 米开朗基罗关键词 [M]. 长沙：湖南美术出版社，2010：131.

暗示了现实的非人待遇与极度辛劳使其疲惫不堪，以及其对梦中美好世界的向往。而在《被缚的奴隶》中，奴隶健壮的身体呈螺旋形强烈地扭曲着，似乎正在拼命挣脱绳索的束缚。虽然双臂被缚，但其手臂上的肌肉紧绷，与纤细的绳索形成鲜明对比，仿佛下一秒便要迸发出无穷的反抗力量。而他那高昂的头颅，圆睁的眼睛，无一不显示出反抗的意志与不屈的愤怒。

这种意志与愤怒并不是出自他无穷的想象，而是源自他自身的命运。他是矛盾的，他不喜欢为教皇服务，不断地躲避他们，却又为每一任教皇尽心服务。他向往自由，却终身只能听从教皇的命令，从一个雇主转向下一个雇主。他孤傲的性格与不凡的艺术才能没能使他脱俗于尘世的喧闹与斗争，他依旧需要那些令他厌恶、不屑的贵人们的赞美与恩惠。这种矛盾至极的思想在米开朗基罗心中不断激荡并吞噬着他。作为一位饱含人文主义思想的艺术家，米开朗基罗和他作品中的人物一样具有一种被压抑、被束缚的困扰，以及解脱痛苦、实现理想的渴望。他是痛苦的，家庭和生活带来的痛苦远远没有精神带给他的痛苦多，他总是被迫做他不热爱的事，他钟情于雕塑，但是教皇总是派他作画。他的痛苦只有在《酒神巴库斯》《大卫》等一个个雕像从石头中解脱出来时才能得到减轻。

《大卫》

他的灵魂虽饱含清教徒似的严谨与肃穆，但依旧充满着共和思想。他那脆弱而固执的心灵之中最显著的特点便是爱美、爱艺术，然而比这更深刻的是爱人，他热爱同胞，热爱祖国，热爱自己的家乡。因此，他尽管怯懦，对政治唯恐避之不及，但在佛罗伦萨掀起革命狂潮之时，依然作为佛罗伦萨革命党的前锋留了下来。谁能想到，这样悲观至极的灵魂，心里却充满着强烈的共和思想。对于这位年少成名的艺术家来说，罗马是他的工作室，佛罗伦萨才是他的栖息之所。所以，尽管他擅于逃避，在佛罗伦萨陷落、胜利者展开杀戮之时，痛苦万分，但他没有逃走，而是忍受着屈辱为新政府工作，他暂时的低头不是懦弱，而是为了保全他的艺术梦。

他的痛苦是与孤独分不开的，这种孤独不时注入他与生俱来的忧郁之中，使其越来越忧郁，越老越孤独。他那如墓穴般幽暗的卧室，常常出现蜘蛛与爬虫，佣人们虽拥有高额工资却并不尽心尽力。这一切都使这位老人感叹："我永远是孤独的。"这种孤独与矛盾的性格使他也无法拥有爱情，只有与维多利亚的友情在他冷冽的人生中闪过一丝纯洁的微光。然而，也仅仅只是微光而已，他始终单身，他忧郁成性，不需要别人的温暖，因为他本身就是太阳，孤独地享受着人们的崇敬与仰望。

在那个暗潮汹涌的时代中，米开朗基罗的性格有两面性。他宽容、善良，他不计较得失，他总是为别人考虑，他与一切美好的品德相关。但同时，他孤独而专断，忧郁而多疑，他不满教皇的统治，却一次又一次匍匐于强权之下。他那如黑夜般悲凉绝望的内心中所吟唱的诗歌却充满热情与希望，爱情在他的诗歌中显得那样炙热而充满希望，而这样的情感他自始至终却从未获得过。但他并不遗憾，艺术使他孤寂的灵魂燃烧似火。

英雄迟暮

米开朗基罗一生挚爱雕刻，认为雕刻是"众艺之首"，因为雕刻能够使人物真正富有生命力地出现在人们面前。他的雕塑作品不仅对人体的结构刻画极为细致精确，而且不论群雕还是浮雕，他塑造的每一个人物都具有独特的精神气质，刚劲有力，气势宏大，散发着不可遏制的力量。

1534 年，59 岁的米开朗基罗终于完成了美第奇教堂的雕刻工作。《晨》《暮》《昼》《夜》是四个裸体男女雕像，分别被放在洛伦佐·美第奇和朱利亚诺·美第奇的石棺上。这四座雕像断断续续施工长达 15 年之久，彰显了他高超的技艺和雄壮的英雄风格。《晨》塑造了一个将醒未醒的少女，她丰满而结实，全身充满朝阳般的青春活力，似乎正从昏睡中缓缓苏醒，但她的脸上没有喜悦，充满着惶惑不安，仿佛刚刚从一场噩梦中惊醒。与之相反，《暮》的形象是一个强壮的中年男子，松弛的肌肉无力地下垂着，布满皱纹的脸沉浸在忧思中，仿佛是在反省。《昼》似乎是一个未完成的男性雕像，他右手从背后支撑着身体，仿佛刚从梦中惊醒，他眼睛圆睁着，目光正越过自己的肩头凝视前方。《夜》刻画了一个身材优美的女性，她的身体松弛而无力，鼻梁挺直，嘴唇紧闭，下巴轮廓清晰，呈现出恬美的睡姿，给人以安静自然的美，人物刻画得刚柔并济。然而，她的左手之下有一副表情惊愕的面具，弯曲的左膝下有一只猫头鹰，象征着噩梦缠身。她似乎已经筋疲力尽，唯有梦境能给她永恒的安宁。“只要世上还有罪恶与耻辱的时候，不见不闻，无知无觉，于我是最大的快乐：因此，不要惊醒我，啊！讲话轻些吧！”[①]这是米开朗基罗在《夜》中寄托的复杂感情。这四座雕像都被赋予特殊的寓意，具有强烈的不稳定感，雕像的人物似乎为尘世所扰，忧心忡忡，流露出惶恐与哀伤的神色。这种不安、痛楚甚至带有辛酸的屈从，正是作者当时心灵深处的深刻写照。此时，意大利文艺复兴的黄金时代已然过去，米开朗基罗面对动荡不安的祖国，他的人文主义理想破灭，他非常苦闷，思想变得深沉，这些雕塑作品昭示了他对现实的态度，寄托了他对祖国命运的担忧和对人生美好的渴求之情。

① 傅雷. 傅雷全集 11[M]. 沈阳：辽宁教育出版社，2002：168.

故居院内

事实上，他对于艺术的探求不是勇往直前的。在创作《最后的审判》之时，米开朗基罗陷入了精神危机之中，由最初的对艺术的追求转为对艺术的怀疑。他作品中的裸体男子所展现出的力与美给他带来不朽的盛名，同时也惹来道德的非议，他无法接受对他的污蔑。这种强烈的心理压抑传递于笔端，致使画中体现出一种强烈的内在情感而非外在的美学追求。

1542 年，他又投入到保利纳教堂的壁画绘制当中。当工作完成之时，米开朗基罗已是 70 岁高龄。这是他人生中的最后两幅壁画作品——《保罗归宗》和《彼得殉难》。这两幅作品依旧是人物众多的群像场景，米开朗基罗将表现的重点集中于“归宗”和“殉难”两个事件最敏感的瞬间，将画面塑造得极富悲剧性。在《彼得殉难》里，荒芜的原野弥漫着忧郁的气息，圣彼得从容地接受了命运的安排，被倒钉在十字架上，他没有一丝恐惧，而是目视前方，等待丧钟的敲响。这两幅画是米开朗基罗辞世前的作品，也似乎是他向世界告别的作品，画中营造出的崇高的孤独与无可救药的绝望是他一生的主旋律。

不朽神工

1564年，89岁的米开朗基罗在罗马去世。上帝的判决最终还是落在了他的身上，但他从不肯停下手中的刻刀，在生命的最后几年他依旧在创作。他最后的作品《圣殇》和《隆达尼迪的哀悼基督》并没有完成。米开朗基罗已经不在乎艺术的形式，他注重表现的是情感，那种由内而外的哀伤布满了雕像，后人怀疑《圣殇》是他为自己雕刻的墓碑。在作品中，他自比圣约瑟，同死去的基督一同步入黑暗的墓穴。他的一生都在为教皇服务，尽管他并不心甘情愿。从美第奇到保罗三世，每一任教皇继任之后都急着召他，他没有一点自己的空间，没有尝试过一秒自由的呼吸，死亡这样急急地召他走，又何尝不是一种解脱呢？

“在我刚刚对艺术有点入门的时候，我却要死了。我正打算创作我的真正的作品哩。”[①] 米开朗基罗在临终前这样说道。大约就是这种对艺术的敬畏与不满足，才使他成为一位艺术大师。他的一生虽然辉煌如星辰，但总有陨落的一日。回望米开朗基罗的一生，是辉煌的一生，是屈辱和矛盾的一生，也是百折不挠的一生。每个为人类精神文化做出杰出贡献的人，无一不挣扎于艰难前行的道路上。幼时无母亲抚养；青年时期独自奋斗，不被理解；中年时期遇到心灵相通之人却终究无缘；亲人先后离世，连对手都离他远去，只留他一个孤家寡人寂寞地绝望着。这样的孤苦人生怎能令人满意？而最令他失望的是自己的作品，虽然这在外人看来无可挑剔。这位永不满足的巨人表示自己“忍受天大的痛苦，未能达到艺术的目标”。直到临去世前的几个小时，他仍旧在雕刻《哀悼基督》，然而他永远也完成不了，因为他已经远去了。他如同多年之后在诗剧中不断进取的浮士德一般，在生命的最后仍旧怀恋并呼喊：“美

---

① 李云雷．听傅雷讲艺术 [M]．合肥：安徽人民出版社，2012：84.

故居外景

啊，请停留一下吧！”

罗曼·罗兰曾这样评价米开朗基罗：“真是哈姆雷特式的悲剧！有英雄的才能，却没有英雄的意志，有强烈的激情，却没有这样的愿望，这是多么令人痛心的矛盾！”① 米开朗基罗的艺术风格不同于达·芬奇那样充满科学精神和哲理的思辨，也不同于拉斐尔温和的浪漫主义，他是个悲观主义者，他在作品中倾注了自己满腔悲剧性的激情。正如著名诗人贺拉斯诗句中说的那般，“苦难显才华，好运隐天资”，如果没有束缚他、撕裂他、燃烧他的痛苦与矛盾，就没有米开朗基罗表达生命本体的强烈渴望与追求。

米开朗基罗·博纳罗蒂，这位超越时空，受人崇拜的艺术家，他在世时便被同胞视为“神工”，年老时收获的荣光堪比歌德、雨果。他蔑视荣光，过着极困苦的生活，晚上酌几口小酒便成了工作之余唯一的消

① 罗兰. 名人传［M］. 北京：北京理工大学出版社，2009：33.

遗，但他的精神是富有的；他渴望死亡，这从他的诗中不难看出，他把死看作是一种幸福。尽管他那如同苦行僧一般的生活能够支撑他活下去，却没有使他避免病魔的侵蚀。他痛苦但不沉沦，从未一蹶不振。失败、噩运都不能使他退却，他在生命的最后时刻也仍在进行艺术创造。这样的意志来源于他坚定不移的信仰，而这种虔诚的基督精神使他不屈，同时也使他苦痛。

我们该如何定义米开朗基罗，一位天才雕刻家，无心插柳的绘画大师，还是忧郁成性的诗人？事实上，米开朗基罗的创造力不局限在某一个特定范围，堪称神工的不只是他的雕工或者画艺，而称其为神的也不仅限于后人，还有与他同时代的人。“成为一个记号，但没有悲哀。”他曾在诗中这样写道。他是人类艺术史上永远闪光的记号，一座任世人仰望的丰碑。

时至今日，韦吉奥宫殿门前的大卫雕像依旧英勇，西斯廷教堂的壁画中的众神莅依然俯视着众生，美第奇家族陵墓群雕仍旧忧心忡忡……这一切的一切都在向我们昭示着这位伟大的艺术家无穷的创造力与影响力。每当我们感受罗马城的深厚历史、佛罗伦萨的文艺气息，文艺复兴的光辉就仿佛昨日重现一般感人至深。在历史的浩瀚星空中，16 世纪的意大利必定独占一个星系，而当我们踏入佛罗伦萨，米开朗基罗便如同那颗以他名字命名的行星一般熠熠生辉。

（撰稿：付晓斐）

参考文献

傅雷 . 傅雷全集 11[M]. 沈阳：辽宁教育出版社，2002.

罗兰 . 名人传 [M]. 北京：北京理工大学出版社，2009.

李云雷 . 听傅雷讲艺术 [M]. 合肥：安徽人民出版社，2012.

米开朗基罗 . 米开朗基罗诗全集 [M]. 杨德友，译 . 沈阳：辽宁教育出版社，2000.

马波 . 米开朗基罗画传 [M]. 长春：时代文艺出版社，2004.

米开朗基罗. 我，米开朗基罗，雕刻家：一部书信体自传 [M]. 初枢昊，译 . 上海：上海人民出版社，2006.

米开朗基罗 . 米开朗基罗诗信艺术集 [M]. 刘京，向瑞华，龙燕芳，译 . 北京：新星出版社，2010.

许乐 . 米开朗基罗关键词 [M]. 长沙：湖南美术出版社，2010.

巴 赫

1843年，德国东部莱比锡的托马斯教堂里举行的一场音乐会在当时的音乐界引发了激烈的争论。音乐会上，被称为“莱比锡音乐界骄傲”的门德尔松不顾市政委员会的反对，在托马斯教堂里演奏了巴赫的音乐，并用音乐会的收入建立了第一座巴赫雕像。约翰·塞巴斯蒂安·巴赫，这位伟大的音乐家、莱比锡托马斯学校的前乐监、托马斯教堂的前管风琴师，似乎已经被人们遗忘了近一个世纪，直到此时才被人记起。1894年，巴赫在去世近一个半世纪之后，其遗骨才终于被置入正式的棺椁，安葬于约翰教堂的地下墓穴。1950年，巴赫又被移葬于托马斯教堂。后来，雕塑家塞弗那用重新塑造的巴赫纪念碑，取代了门德尔松捐赠的小雕像。塞弗那根据巴赫的颅骨和脸部肌肉的比例关系，塑造了这个膀粗腰圆、面容沧桑却又固执倔强的巴赫形象。

巴赫出生在德国图林根州的小城埃森纳赫。这里群山高低起伏，森林茂密，青石板路蜿蜒曲折，俨然是一座充满童话气息的小山城。山城并不大，却音乐氛围浓厚，在欧洲音乐史上地位独特。中世纪时，游吟诗人、宫廷乐手就曾在这里进行表演和比赛。这里的市民们热爱音乐，更热爱演奏音乐。据说当年歌德和瓦格纳是埃森纳赫的常客。100 多年后的今天，埃森纳赫因为巴赫而成为世界上著名的音乐城市之一。

移步广场前的小山坡，巴赫的铜像赫然耸立。他紧皱着眉头，一手扶着琴架上的曲谱，一手攥着羽毛笔，若有所思。岁月的沧桑也不敌巴赫对音乐的那份执着和坚忍。铜像不远处的黄色小楼房便是巴赫的故居由于年代久远，楼房看起来很古老。巴赫 10 岁左右失去了双亲，随即和哥哥雅各布离开了这里并从此走上了孤独而曲折的音乐之路。虽然巴赫在这里仅仅度过了短暂的童年，但走进其中，我们仍然能够感受到浓厚的音乐氛围对巴赫深远的影响。后来，人们在黄色小楼一墙之隔的地方建立了巴赫故居博物馆。博物馆中陈列着大师巴赫的作品手稿，手稿模糊的墨迹诉说着岁月的痕迹。在那潮湿阴暗的家里，巴赫不仅操持家务，照顾妻子和四个孩子，还孜孜不倦地创作音乐。从其作品手稿中，我们似乎能看到巴赫点亮的油灯映照着他伏案创作的鹅羽笔。那笔尖在稿纸上自由地行走，所有的穷困窘迫和生活烦琐都好像不重要了。创作音乐、试验音乐、排演音乐，成为巴赫一生乐此不疲的活动。

巴赫作为巴洛克时期音乐界的代表，深深影响了后来的众多音乐家。巴赫以其高超的水平，将巴洛克时期的复调音乐推向了顶峰，他也因其作品中极其丰富的内涵、宏大的格局与不朽的力量成为欧洲音乐史上最伟大和最具影响力的作曲家之一，同时他也是钢琴艺术史上具有划时代意义的人物，被尊称为“西方近代音乐之父”。高尔基曾评价巴赫说，他是伟大作曲家中高耸入云的顶峰，永远带着炽热的光辉。

在巴赫去世之后的很长时间,人们囿于时代的变迁和理解上的局限,很难真正地理解巴赫，加之其作品的演奏难度极高，在当时很难普及，巴赫的学生和他的崇拜者也曾终其一生，宣扬传播巴赫的音乐理念和作品，但收效甚微。一直到古典时期，西方古典音乐再次走上新的康庄大道，莫扎特、门德尔松、海顿以及贝多芬等音乐大家发现并极力推崇巴

巴赫故居（德国埃森纳赫）

赫的音乐，巴赫，这位几乎被音乐盛世遗忘的大师才终于被人们揭开神秘的面纱。

音乐人生

1685 年 3 月 21 日，巴赫出生于埃森纳赫的一个音乐世家。巴赫家族枝繁叶茂，且音乐天才辈出。从他们的家谱来看，巴赫家族几乎占据了当时图林根州地区所有管风琴师和乐师的职位。这个家族的成员似乎拥有音乐基因且世代遗传，很多人从小到大都热爱音乐，且选择了与音乐有关的职业，一生与音乐相伴。据统计，从巴赫的高祖到巴赫的孙子共 7 代人，历经 260 多年，从事音乐事业的近 80 人，成绩显著的 14 人。巴赫的父亲约翰·阿姆布罗修斯曾经担任过城市吹奏手，也担任过宫廷小号手，是城市乐团的团长。当时的音乐家和画家社会地位不高，只是被人们看作手艺人，用他们的技艺满足了人们的需要。从小，巴赫的生活便是清贫的，因为他的父亲不仅要养活他和哥哥，还要养两个帮工和两个学徒。巴赫从小就拥有一副好嗓子，在声乐方面很有悟性，常在学校的唱诗班里唱诗。

巴赫的童年虽不富裕，但却也算简单快乐。可惜的是，这一家的简单幸福不久之后便被打破了。在他 9 岁之时，母亲去世；随后不久，不到 10 岁的他又失去了自己的父亲。当时的市政厅拒绝支付抚恤金，并拒绝巴赫家族成员继续领导城市吹奏队，巴赫和哥哥失去了生活的依靠。从此以后，他便养成了一种独立而认真细致的习惯，工作再繁忙他也要把家里打理得井井有条。他从不依附于任何一个教派，也不屈从于任何一个音乐流派，渐渐走上了独立的音乐道路。巴赫的一生辗转多处，求学不止，加之其酷爱旅行，热爱自由，可以说是行者无疆。若将其一生的足迹连在一起，便可洞察巴赫这位伟大的音乐家的精神追求。

在失去双亲之后，巴赫和哥哥住到了大哥约翰·帕赫贝尔的家中。随后，巴赫去了吕内堡，开始靠音乐为生。好学的他总是会抓住一切机会学习音乐，不仅通过自己摸索学会了小提琴和中提琴，而且还从哥哥那里学会了键盘乐器。巴赫的天赋异禀总是与他的孜孜不倦、勤奋刻苦相得益彰，每当有人问到他如何经营他的艺术使其日臻完善时，他总是会回答，任何人只要像他一样用功，也必能做到。他就是这样，将其卓尔不群的才华与持之以恒的勤勉相结合，脚踏实地，用一生的时间实现其音乐的追求。吕内堡时期的巴赫在唱诗班的各种活动中得到了训练，亲身体验了宽广的对位音域，学会了在困难的声部中保持一定的可唱性，使其后来复调方面的音乐作品创作不再只停留在理论的层面，而能够真正地用于实践。

尽管唱诗班的日常训练和学校课程几乎占据了巴赫所有的时间，但强烈的求知欲让他更加向往外面的世界。为了能够接触到更多的管风琴大师，巴赫决定徒步从吕内堡出发，前往汉堡和策勒。年轻时候的他因为求学走过无数漫长的路，他会为自己的旅途做一套完整的行程计划，无论是几十公里，还是上百公里，他都会义无反顾地坚持下去。

19 岁的巴赫通过长期的旅行和学习，已经对管风琴的技艺和原理了然于胸，且对周围地区的管风琴进行了深入了解。因此，巴赫被选作阿恩施塔特伯尼法丘斯教堂的鉴定专家参加对管风琴质量的鉴定。当时的人们怎么都不相信，一个 19 岁的年轻人可以有能力了解复杂而精细的管风琴。然而，出乎意料的是，他还能精确地指出每台管风琴的优点和长处，并能娴熟地演奏。他的表现让当时阿恩施塔特的市政委员们很是惊讶，并立即以高薪聘请巴赫担任教堂管风琴师。其间，巴赫不仅拥有了一台优质的管风琴，还成立了自己的合唱队。阿恩施塔特时期的巴赫在为合唱队排练的同时实践着自己的复调对位音乐理论，并创作了一批康塔塔曲目和十几首管风琴众赞歌。

1707 年巴赫来到米尔豪森市的圣布拉斯大教堂，正式任职为这里的管风琴师。在这里，他充分发挥了自己的指挥和组织才能，开始了他的授业生涯。其间，他不但培养了管风琴师，还把自己的学生培养成为学徒，慷慨地将他们安顿在自己家中，为他们提供食宿。

巴赫因为在魏玛的宫殿礼拜堂举办管风琴音乐会获得成功，被聘为当地的宫廷管风琴师。其间，他开始记录自己即兴创作或演奏的众赞歌前奏曲并编纂成册，这就是后来的《管风琴曲小集》。而后，巴赫晋升为魏玛宫廷乐团首席，每隔四周为宫廷礼拜活动创作一首康塔塔曲目。

在此期间，巴赫与同样了解音乐、热爱音乐的玛莉结婚，组建了家庭。二人兴趣相投，心意相通，家庭幸福。

在定居米尔豪森十年之后，巴赫签订了克腾的莱奥波德侯爵宫廷乐团首席的聘请合同并举家迁居克腾。侯爵十分器重巴赫，给予了巴赫优厚的待遇。克腾自由的氛围给予了巴赫安静良好的创作环境。巴赫为儿子编纂了作曲教学的书籍《键盘乐曲小集》，并收录了他另外一些极具特色的创意曲和交响曲。此时，巴赫的创作进入了成熟期，他开始深入研究复调音乐里的平均律，并创作了《平均律键盘曲集》(上卷）和《勃兰登堡协奏曲》。

1723 年，巴赫成为托马斯学校的乐监及托马斯教堂的管风琴师，巴赫全家又迁居莱比锡。莱比锡曾经商业发达、交通便利、城市繁荣，是歌德心目中的“小巴黎”，然而巴赫在莱比锡的时光却是艰难而窘迫

故居前门

的，他在此定居直到生命的尽头。巴赫的上司们对他并没有什么好感，随着时间的推移反而开始排斥甚至长时间对巴赫蓄谋打压、故意遗忘。然而，莱比锡时期的巴赫经过长时间的积累，已经进入了创作的高峰期，作品数量惊人。这一时期他创作了165首康塔塔，著名的《马太受难曲》《约翰受难曲》《b小调弥撒》《哥德堡变奏曲》《音乐的奉献》均作于此时。他还完成了《平均律键盘曲集》，并整理、修改了过去的乐曲，编纂了《赋格的艺术》。1750年，眼部手术的失败与突然的中风让巴赫最终离开了人世。

巴赫的一生是曲折的，他辗转多处，求学不止，在他的身上证实了那句“一个人的行走范围，便是他的整个世界”。也正是因为长期的积累加之其过人的音乐才能，让巴赫占据了西方古典音乐史上举足轻重的地位。

执着之心

巴赫是一个办事极其认真的人，任何事情一旦开始，他都会执着地坚持到底，尤其是在音乐方面，他不容许敷衍了事。阿恩施塔特时期的巴赫作为管风琴师曾经组织过学生合唱队，带领他们进行日常训练并出席必要的活动。然而这些学生多是富家子弟，平时调皮捣蛋，且极其懒散，巴赫对他们的表现和成绩并不满意，一些捣乱的学生便企图用暴力强迫巴赫让步。当巴赫刚参加完伯爵家举办的音乐会，夹着小提琴走在回家的路上时，6 名捣乱的学生突然手持木棒从黑暗中跑出来。他们本以为巴赫会害怕，但没有想到的是，巴赫抽出佩剑向他们反击，捣乱的学生最后只好逃之夭夭。对于巴赫而言，保证艺术的质量是他坚守的信念，他在自己的职位上恪尽职守，不会因为外在的压力而俯首听命。他是一个音乐家，他不断探索艺术的深度，并在任何的形势之下都忠于艺术。巴赫身处米尔豪森时，虔敬派和正统派之间的宗教斗争影响了他的创作，于是，巴赫毅然选择了辞职，并在他的辞职报告中写道："我对教堂音乐创作的终极目的，只能在顺心的岗位没有其他人给脸色看的环境下才能达到。"①

巴赫这份认真执着的精神也给他的生活带来了不少的麻烦。莱比锡时期的巴赫在 1724 年决定在托马斯教堂进行受难日乐曲的演奏，而这在当时的人们看来是一种史无前例的大胆行为。因为按照莱比锡的古老传统，受难日乐曲的演奏是每年轮流在尼古拉和托马斯教堂举行的，上一年是托马斯教堂，这一年就应当是尼古拉教堂。然而尼古拉教堂的羽管键琴亟须维修，唱诗班站立的廊台也已经破损，巴赫及时向他的教会报告了这一情况，但由于监管与执行的部门分离，巴赫并没有得到回复。于是他当机立断，决定在托马斯教堂演奏当年的受难日乐曲。他的执着、他对音乐质量的苛求，以及"为崇敬上帝而创的均衡的教堂音乐"的思想，使其在大学和教会监事会里成了一个不受欢迎的人。巴赫的上司们将他看作一个总是标新立异又冥顽不化的人，但他却受到了学生们的支持和保护。人们都知道，想要学好音乐就必须来莱比锡托马斯学校，师从巴赫。

巴赫的固执和认真实际上也是对待音乐、对待艺术一丝不苟的表

① 艾达姆. 巴赫传：真实的一生[M]. 王泰智，译. 北京：商务印书馆，2000：79.

现。巴赫对音乐内容和题材的态度是宽容、开放的。他所在的时代，宗教盛行，各教派之间相互排挤，非此即彼，而“不容许”的音乐在巴赫那里是不存在的，供祈祷的音乐与陶冶性情的娱乐性音乐两者可以并立，各扬所长。巴赫在其《农夫康塔塔》的结尾处，甚至采用了街头流行小调。他对音乐是执着的，并不会因为宗教立场去改变美妙的音乐。也是因为如此，音乐表达的轻重缓急，和声与技巧的运用在他的心目中必须是趋于完美的。一次乐队排练中，巴赫因为管风琴师约翰·戈特弗里德·格尔纳演奏和弦连续出现错误很生气，便将其假发抓起来直接扔到了地上。当他的儿子威廉·弗里德曼夜里胡乱演奏羽管键琴时，巴赫会突然从床上爬起来，将儿子弹的曲子弹到终了。这些行为看起来或许有些怪异，但在巴赫的音乐世界里，不允许存在瑕疵，唯有精益求精，斟酌打磨每一个音符，才能让音乐发挥其独有的魅力。

实际上，巴赫平时并不是一个倔强严肃的老头。当时的罗伊斯伯爵和鲁本斯泰因的御用管风琴师和当地的市镇管风琴师执意要给这位“一切古钢琴和管风琴演奏者之王”献辞,赞誉巴赫“和蔼友善的可敬品质、

巴赫故居博物馆

真挚朴实的邻人之爱与无上崇高的音乐禀赋完美结合，相得益彰”[①]。巴赫在其他艺术家、热爱音乐的学生和普通人面前总是比较宽容与谦虚。

他总是不惜一切代价去追寻自己喜欢的东西，且没有强烈的功利心。他虚心向学，全身心地投入音乐的创作、演奏与试验之中。

巴赫固执、倔强又极为坚韧。在莱比锡生活的后期，巴赫几乎被莱比锡上层故意遗忘，他们不仅克扣巴赫的工资，当时托马斯学校的新任校长还计划取消巴赫的音乐课，并通过影响巴赫乐团的助理来摧毁巴赫的音乐。校长把巴赫当作死敌，处处打压。巴赫的乐团受到重创，音乐演出也没有办法举行，但是巴赫并没有因此离开学校，而是继续废寝忘食地创作音乐，且依旧为洗礼、婚礼、葬礼等活动做音乐服务。在被彻底孤立的情况下，巴赫还写下了四首小弥撒曲。

巴赫的生活并没有因为其才华出众、享有盛誉而逃脱庸常与艰难。总的来说，他的一生是贫穷困苦的，即便在克腾时期，在侯爵极力地支持与爱护下，他也并没有过上富裕的生活。克腾时期的幸福时光只维持了两年，随后，巴赫的爱妻病逝，巴赫满怀悲痛，又不得不肩负起家中所有的重担。这是一段非常艰难的时期，家中没有了女主人，巴赫在工作和创作之余还需要操持繁重的家务并教育自己的孩子们。但他并没有因此放慢创作的脚步，并把所有的事情打理得井井有条。

巴赫便是这样集伟大与平凡与一身，一边是强大的艺术创造力，一边是困难庸常的生活，而这个艺术家用尽自己一生的努力为自己的事业而活，而且只为音乐而活。

创作之家

当代著名作家米兰·昆德拉曾视巴赫为“第一个让后世记住自己的

① 施韦泽．论巴赫 [M]．河源，陈广琛，译．上海：华东师范大学出版社，2017：133.

音乐家”。巴赫不仅帮助人们了解了这一时期音乐的最高成就，并且帮助当代人补全了这一时期的音乐史。巴赫是巴洛克时期音乐的代表，他的音乐一方面继承了巴洛克时期的音乐特点,另一方面有所创新和改进,他在西方音乐史上留下了一大批不朽的作品。

孩童时期的巴赫就已经展示出较高的音乐天赋，他用很短的时间就完全掌握了哥哥给他的所有曲谱。巴赫了解到哥哥手上还有一本汇集弗罗贝格、克尔、帕赫贝尔等多位著名大师的钢琴曲谱的集子，于是一再恳求哥哥把曲谱集借给自己，但是遭到了哥哥的拒绝。强烈的求知欲让巴赫无法放弃对那本曲谱集的追求，于是每天晚上，巴赫偷偷地把手伸进柜子的栅栏门里，将那本简易装订的曲谱集卷起取出，然后在月光下把曲谱抄写下来。经过六个月的努力，这本曲谱集终于抄写完成。后来他的哥哥发现了这个秘密，将巴赫费尽千辛万苦抄写的成果没收了，直到他的哥哥去世，巴赫才重新拿回了这本曲谱集。

巴赫虽然从小在音乐的熏陶中长大，但巴赫绝非飞速发展的“神童”。贝多芬 15 岁时创作了一首回旋曲，莫扎特更是 5 岁就已经开始作曲，而此时十多岁的巴赫仍然在抄写别人的曲子。巴赫正式开始作曲是在阿恩施塔特期间,之后,他在声部运行与和声方面,逐渐形成“完全巴赫式”风格。他的早期作品已经初步达到大师的水准，其内容的深邃、作曲技巧的高超，即使在他同时代的成名大师中也难以找到。

复调音乐是巴赫创作最主要的音乐思维形式。复调音乐发展的黄金时期是巴洛克时期,巴赫的复调音乐创作集智力理性与情感感性为一体,将巴洛克复调音乐推向辉煌。他在复调与和声方面的成就是无与伦比的。著名音乐评论员约翰·弗里德里希·莱夏德曾在他的《音乐艺术杂志》中写道：“任何一个作曲家，即使是最优秀的意大利作曲家，也没有一个人像约翰·塞巴斯蒂安·巴赫那样充分利用了和声的各种可能性；没有任何一种可能性他没有利用过，所有真正的和弦艺术以及所有不正规的和声手段，他都或严肃或戏谑地运用过上千次，显示了非凡的胆识个性，即使最伟大的和声专家，也无法像他那样把他任何一部大作品所缺少的主题节拍补充上去，只有他自己才有这个能力。”

巴赫拥有数学家般的思维，他的曲子具有清晰的条理和严密的逻辑。他喜欢从全局把握问题，会持续不断地创作同一类型的弦乐作品，穷尽所有的可能性。他与贝多芬的创作方式截然不同，贝多芬更接近诗人，而巴赫更接近画家和建筑家。艺术中的灵感本身是综合的，文学、音乐、美术等相互交融，区别只在于哪些方面更加突出。贝多芬喜欢将自己天马行空的想法逐个试验一番，他的作品中常有独立于主题之外的各种“片段”，与其强烈的情感表现融为一体，带领听众理解这位诗人的思想和情感。而巴赫的作品中，每个部分都从主题出发，不断地通过各种技法延伸主题旋律，使旋律结构和谐统一，尤其是在他的赋格中，细节越是复杂多变，就越能够体现主体线条的简洁大方。通过这样的思维，巴赫的音乐能够更多地描摹具体形象与质感，这是一种偏向于图画性的音乐。巴赫热衷于描述云的运动，常常通过同向或反向相互交叠的音阶音型来表现这种运动，还会巧妙地运用音符来表现人笑、撒旦魔鬼的降临等场景。而复调的多声部加入，也使得音乐本身此起彼伏，更具张力，这就是许多电影喜欢以巴赫的音乐作品作为某些场景配乐的原因。当然，就键盘乐器而言，巴赫的复调音乐是极难演奏的，毕竟一双手在键盘上同时演奏几个声部是非常考验演奏者的技巧和速度的。

巴赫复调作品中有不少赋格类型的曲子，赋格在复调音乐中是一种较为严谨的曲体形式。巴赫的赋格作品无论从结构的创意性、紧密性方面，还是从对演绎者的高要求方面，都代表了这一类音乐的最高水平。巴赫在其少年时代就已经是一位纯粹而高明的赋格艺术家。音乐学者约翰·尼古拉·福科尔是巴赫的第一位传记作者，巴赫的两个儿子曾向他讲述过巴赫的趣事：“如果他去教堂听一场听众爆满的赋格曲音乐会，这两个年龄最长的儿子必有一位站在他身边，只要第一个主题响起，他就能事先说出作曲家会如何编排，而按照曲调应有的规则又当如何编排，以及还有什么是可能的编排方式。

如果作曲家谱写得好，那么他的预言就应验了，这时他就会很高兴，碰碰儿子，示意他注意到这事儿。”①赋格的复杂性以及众多的可能性给作曲家带来很大的挑战，而巴赫却能从头到尾，巨细无遗地想象音乐过程中的每一个细节，这得益于他平时不断的练习锤炼。

巴赫赋格音乐有很好的延伸性，其《赋格的艺术》被称为准百科全书式的赋格作品，这部作品至今还有很多值得研究的地方。巴赫的作品体现着他对艺术理想与理性的完美追求，其作品的丰富内涵和独特形式不仅吸引着音乐领域的研究者，还吸引着包括文学、美学、数理逻辑等领域的研究者。

巴赫的音乐总是带有浓厚的试验和挑战性色彩，他曾在《悼词》中提到，计划以“回返赋格”的形式创作第十四支赋格曲，即差不多是把整部作品在原先正向演奏的基础上颠倒过来，使两个版本都能奏出丰富的声响效果。巴赫音乐作品的试验性和突破性还体现在他著名的《平均律钢琴曲集》上。毕达哥拉斯数学理论中 E 大调音阶中升 G 音比 f 小调的降 A 音略高，声乐演唱者和弦乐演奏者可以适当调整，但是键盘演奏者做不到，因为在键盘上，升 G 和降 A 在同一个键上。因此，巴赫对键盘进行了调整，研究出了一种可行的准则，使它偏离了纯数学理论，这便是平均律。其实，这种技巧的关键在于转调，即演奏中从一种调子转向另一个高或低的调。在巴赫之前，没有一个人能够像他一样摸清调式的广阔天空，也没有人知道如何从一个调式转向另一个调式，平均律音准在音乐领域是具有突破性的。虽然这种同音级的调律在今天已经相当普及，但在巴赫的那个时代还是天方夜谭般的幻想。巴赫总是孜孜不倦地探求音乐中更多的可能性，他总是走在时代的前面，为后人开辟了新的大陆。平均律虽然深受其自身技巧的影响，但是它作为音乐作品本身并没有丧失音乐的美感，巴赫的赋格作品同

---

① 魏尔新．聆听巴赫[M]．吴勇立，译．桂林：漓江出版社，2014：125-126.

样如此，恰恰因为其中的实用性和某些形式的限制，反而使得他的作品更带着和谐统一的美感。巴赫的音乐多运用自然与轻快的变化，贯穿着“巴赫式幽默”的风格，正如其姓名中“Bach”的本意小溪一样，潺潺流向远方。巴赫在他的平均律钢琴曲上对他的学生和孩子们的要求是“如歌的”演奏，即在键盘上唱歌一般地演奏。我们今天最为熟悉的巴赫平均律作品是著名加拿大钢琴家格伦·古尔德演奏的版本。今天的我们虽然能继续鉴赏大师巴赫的作品，但已经无法重现大师亲自演奏作品的韵味了。

巴赫的创作一直都稳扎稳打，他经常抄写当时作曲家的乐谱来学习不同风格的音乐。巴赫能够从这些作品中获得灵感，并运用自己的音乐技巧创作风格独特的音乐作品。巴赫在一首乐曲中所使用的曲调，在别的乐曲中还会反复使用。其他作曲家往往创作新的曲调时，不会沿用使用过的曲调，而巴赫则是专注反复打磨自己的音乐素材和提高自己的音乐才能。巴赫一直坚持着他的细致认真、专注投入，他的创作之路是极其扎实的，他绝不草率行事或投机取巧。他不断修改自己的作品，精益求精。巴赫在生命的最后十年，在其身体健康状况每况愈下的情况下,仍旧通过整理和修改自己的作品编纂了《赋格的艺术》。虽然他最终未能完成作品便不幸离世，但这部作品的价值在音乐史上仍是绝无仅有、无法替代的。

巴赫还掌握了小提琴、大提琴等弦乐器的演奏技巧，将它们各自的特点表现得淋漓尽致。巴赫是一位全方位的作曲大师，无论是在技巧表达还是音乐本身的内涵与美感方面，都在西方古典音乐史上具有不可忽视的地位。

实践大家

巴赫身上富有不断探索的精神，从未只研究理论而消减自己的实践。他生活的时代有一种普遍的观点，认为完美的艺术可以通过理性

故居博物馆前广场的巴赫雕像

的美学思辨得到，其中代表性的主张就是要拯救音乐，关键在于弄清音程之间的数学关系。但是巴赫对此并不认同，他对这类深奥的音乐理论完全不予理会。他极少考虑和声基本法则中的数学关系，而是更多的从自己的演奏、教学等实践中得出真知。

巴赫在室内音乐和管弦音乐演奏技巧方面突破巨大，对器乐在音乐界的独立产生了深远的影响。巴赫大胆地将复调音乐用于弦乐乐器之上，并创作了著名的巴赫六首无伴奏小提琴奏鸣曲和无伴奏大提琴奏鸣曲。同时，巴赫还对他的管风琴和钢琴作品进行改进，要求在断句和音调上能够做出如弦乐般的质感。

巴赫音乐作品中，实用性作品占大多数，尽管他的很多作品是为授课、活动和特定人的需要所写，但是这些作品的魅力往往超越其他作曲家所刻意创作的作品。他的《管风琴小书》便是为他的儿子威廉·弗里德曼所写的。当时他的儿子威廉只有 6 岁，这部作品如同音乐词典，帮助了那些管风琴初学者。巴赫拥有着全方位的音乐才能，他不以名利为目的，全心全意的培养年轻人，是一个严格而又优秀的老师。当时的教材付印费用极高，他的曲集几乎不可能通过出售换来钱财，然而他仍然坚持创作了很多这类的作品，目的是“给喜欢音乐的青年学习时使用，或者给在这方面已经开始有所成就的人闲时消遣”，但从根本上说，这是为他的学生写的助学读物。他授课多用自己创作的，包括《平均律钢琴曲集》等在内的曲子进行演奏示范。巴赫会不断地通过演奏、教学来研究和改进自己的音乐，让理论和实践进行紧密的结合，每一次弹奏和演绎均能激发巴赫进行细微调整的灵感。

巴赫的家中经常挤满了他的学生。其中，约翰·马丁·舒伯特在米尔豪森时便一直跟着巴赫学艺。尽管巴赫平时的教职任务就已经很繁忙，清贫也一直伴随着他，但把自己的经验和知识不求回报的传授给别人，这是巴赫一生的追求。

作为老师，巴赫是严苛而优秀的；作为一名演奏家，他在当时更是享誉海内外，万人敬仰。巴赫在弦乐方面也被奉为大师，他的无伴奏大提琴组曲和小提琴组曲堪称经典中的经典，让无数世界级演奏家争相挑战。

著名华人大提琴演奏家王健曾经提到，巴赫的音乐中有一种虔诚纯真、朴素豁达的力量，最能反映一个演奏家的内心世界。巴赫的音乐给予了演奏者很大的创造空间，每一个演奏者都能在巴赫的音乐中找到自己鲜明而独有的诠释方法。

巴赫的小提琴、钢琴、羽管键琴演奏水平十分突出，巴赫无比钟爱管风琴，管风琴的演奏功力更是炉火纯青，堪称一代大师。管风琴音量宏大，气势澎湃，能够演奏丰富的和声，属于一类庞大的气鸣式键盘乐器。巴赫深谙这类发音器械的原理，对它的构造了然于胸。凡是巴赫使用过的管风琴，他都会亲自调音。作为一个管风琴验收专家，巴赫在验收管风琴时，还会提出改造管风琴的设计方案。巴赫还具有卓越的管风琴即兴演奏能力。62岁的巴赫曾经被腓特烈国王临时要求用钢琴演奏一首六声部赋格，这在当时看来是极其困难甚至根本不可能完成的。这位腓特烈国王带着巴赫和巴赫的儿子参观并试弹了自己所有的钢琴，于是，巴赫就在每一架钢琴上即兴演奏了一曲。这位有着一定音乐素养的国王实际上并不崇拜巴赫，也并不真心欣赏这些音乐，而只是想给巴赫一个下马威。但他没有想到的是，62岁的巴赫竟然用临时想到的主题完成了六声部的即兴赋格演奏。

巴赫不仅是一个创作力极高的作曲家，还是一个非常全能和优秀的演奏大家，他推动了音乐技巧的成熟，并对弦乐器和键盘乐器的发展产生了重要的影响。他对音乐那份诚挚的爱和对音乐界后辈的关照也让这样一位大师充满了温暖而真诚的人格魅力。

结语

哲学家黑格尔在他的著作《美学》里称巴赫为“真正的新教徒”，表达了对巴赫的认可。黑格尔从巴赫的音乐里感受到了天才般的、拉斐尔式的美。巴赫对上帝非常虔诚，他的旋律也非常纯粹，他曾经在写给市政委员会的辞职报告中，用一句名言来为他的追求定义：“把一种均衡的教会音乐献给上帝和他的意志。”[①] 正是他这种发自内心无比虔诚的信仰，使得他对艺术创作总是表现出孜孜以求的态度，而并非虚荣地为了名利。

巴赫一生为教堂创作了大量音乐，但他从来都不屈从于教会上司的要求。他创作了大量康塔塔和众赞歌，音乐中带着宏伟而浩瀚的气息。贝多芬第一次听到巴赫的作品时，惊呼道：“他不是小溪而是大海！”这句话道出了贝多芬对巴赫才华的赞叹与推崇。巴赫的教堂音乐恢宏而华美，同时又区别于过去的教堂音乐，添加了戏剧的元素，使其具有了抒情的色彩。这种做法也使得人们对巴赫的宗教音乐有“疏远”之感。巴赫音乐的声音品质超凡出众、无与伦比，他将复调音乐推向了后世无法超越的高峰。巴赫的音乐结构均衡和谐且与丰富的音乐语言变化相结合，富有某种神性的特征，常常给人无限的思考，深邃而美好。喜欢巴赫音乐的人们常常会说，巴赫的音乐里有浩瀚的宇宙，值得用毕生的时间去探索。巴赫是不朽而伟大的。著名华人大提琴家王健说，巴赫的音乐是为唤醒人心中的神圣而写的，通过演奏巴赫的音乐，他能清晰地感觉到自己的灵魂在宇宙间的位置，这种感觉非常奇妙。

巴赫是巴洛克音乐的集大成者，又是带领巴洛克复调音乐走向巅峰

① 艾达姆. 巴赫传 [M]. 王泰智，译. 北京：商务印书馆，2016：64.

故居外街景

的先锋者。他天赋异禀，在创作与演奏方面都占据着音乐界不可忽视的地位。他终其一生，研究音乐，在音乐的诸多领域取得了突破性成绩。他在音乐技巧和表达方面为后人开辟了新的天空，是史上最伟大的“音乐工程师”。巴赫的音乐是音乐史上永远的话题，令人思考，让人回味无穷。

（撰稿：程明莎）

参考文献

艾达姆 . 巴赫传：真实的一生 [M]. 王泰智，译 . 北京：商务印书馆，2000.

邦兹 . 西方文化中的音乐简史 [M]. 周映辰，译 . 北京：北京大学出版社，2006.

陈丽红 . 巴赫的艺术成就 [J]. 歌海，2009（4）.

房龙 . 巴赫传 [M]. 吴梅，译 . 石家庄：河北教育出版社，2002.

朗 . 西方文明中的音乐 [M]. 顾连理，等译 . 桂林：广西师范大学出版社，2016.

孙国忠 .《戈尔德堡变奏曲》：巴赫的晚期风格及其研究 [J]. 音乐艺术，2000（10）.

孙国忠 . 巴赫：巴洛克音乐的艺术顶峰 [J]. 音乐爱好者，2004（2）.

施韦泽 . 论巴赫 [M]. 河源，陈广琛，译 . 上海：华东师范大学出版社，2017.

魏尔新 . 聆听巴赫 [M]. 吴勇立，译 . 桂林：漓江出版社，2014.

朱冉 . 巴赫复调音乐作品的风格特征 [J]. 音乐创作，2016（12）.

贝多芬

奥地利首都维也纳是欧洲古典音乐的摇篮，也是世界音乐之都。在维也纳北郊、海利根施塔特教堂所在的普法尔广场旁边，有一处幽静的民居，“乐圣”路德维希·凡·贝多芬曾居住在这里。经过几个世纪的变迁，这处民居已成为一个著名的葡萄酒作坊。酒坊的院中矗立着一尊名为“风中的贝多芬”的石像：满面愁容的他迎风而立，那一头标志性的雄狮般的头发，被大风吹到了一边。他神色凝重，嘴唇紧抿，双手紧握在胸前，仿佛正在心中呐喊：“我要扼住命运的咽喉，决不向命运低头。”22 岁时，贝多芬在海顿等人的鼓励与支持下，从德国波恩搬到奥地利维也纳生活，从此再也没有离开过。

贝多芬在维也纳居住的 30 多年中，创作出许多具有时代气息的作品，其中有 30 多首钢琴奏鸣曲、1 部歌剧和 5 首钢琴协奏曲，他也因此攀上了交响乐创作的高峰。作为一个身处古典主义与浪漫主义交汇时期的艺术家，贝多芬在创作中开辟了带有他独特个性的新世界，将古典音乐推向艺术最高峰，同时创造了浪漫主义音乐新的高度，对于世界音乐发展史影响深远。为了增强音乐的表现力，贝多芬可以改变一些常规的技法和形式。世人能够通过他的音乐感受到他的满腔激情，俄国作曲家阿萨菲耶夫称赞他为“音乐中的普罗米修斯”。贝多芬让人惊叹的音乐创造力甚至超越了海顿与莫扎特。这位身处欧洲大陆从封建主义到资本主义变革关键时期的音乐家，追求精神独立，他在反思人生时所展现出的强大力量让人感叹不已。他的音乐有着人文关怀的印记，对 19 世纪西方社会的时代精神和文化发展产生了深远的影响。

年少成名

在德国莱茵河畔波恩小城的北郊有一幢简朴的三层民居：粉色的墙壁，深绿的门，青藤攀缘在面向院落的墙上。当时这座小楼里有两户人家，其中一户住的就是 1669 年迁居于此的贝多芬的父母。1770 年，贝多芬降生在这里。1889 年，这座古老的建筑物面临被拆除的危险，幸好热心的波恩市民把它买下来，把两户的住房打通，加以修缮，成立了贝多芬故居协会，还将这栋老房子改为贝多芬纪念馆。纪念馆上下 12 个展厅详尽呈现了贝多芬的一生，纪念馆内展品多达几千件，包括珍贵的乐谱手稿、画像和不同时期贝多芬曾使用的多款助听器等，这里是收藏贝多芬作品和遗物最为齐全的博物馆。

贝多芬出生后，他的祖父用自己的名字为孙儿取名——路德维希·凡·贝多芬。贝多芬的祖父与父亲都是宫廷歌手，对贝多芬的未来寄予了厚望，希望他能够成为像莫扎特那样的音乐神童。在这种“厚望”之下，贝多芬的人生从一开始就是一场无休止的“战斗”。为了让贝多芬看起来像一个神童，父亲在他 8 岁时，把他当作 6 岁的孩子带出去开音乐会。音乐会没有成功，从不停歇的机械式训练降低了孩子对艺术的热情。1781 年，克里斯蒂安·戈特洛布·聂弗成了贝多芬的钢琴独奏老师。这是一位启蒙运动的参与者，他重新点燃了贝多芬对艺术的渴望，并影响了贝多芬的一生。在聂弗的指导下，不到 14 岁的贝多芬进步很快，

贝多芬故居（奥地利维也纳）

不久被任命为宫廷乐队的第二管风琴师。1787 年春天，贝多芬去维也纳拜访莫扎特，以其完美的演奏技巧、丰富的想象力和深刻的理解力深深打动了莫扎特。莫扎特认为有朝一日这位青年的作品将风靡世界。莫扎特没有看错，贝多芬未来的成就甚至高于他的预期。遗憾的是，这次会面后没几年，莫扎特便因病过早地离开了人世。

随后几年，波恩大学的学习经历极大地改变了贝多芬。1789 年，19 岁的他进入了波恩大学学习，师从著名学者厄洛热·施奈德教授学习德国文学，并且深深被其吸引。这一时期，启蒙思想开始进一步发展，原来所提倡的理性主义思想开始受到质疑。伴随着狂飙突进运动和法国大革命的洗礼，人们开始反对一切限制和阻碍人的全面发展的社会环境和道德观念，转而追求个性、情感的全面解放，推崇“天才”，提出了“天才不须规律”的口号；倡导回归自然，反对违背自然的事物，向往合乎自然的社会制度。歌德、席勒等文学家也将这一思想融入各自的创作和理论著作中。他们强调艺术作品要反映生活的真相，不能忽视作家本身的思想感情。在这些因素的影响之下，独立自由、个性解放、平等博爱的革命思想开始占据贝多芬的头脑。他疯狂汲取着精神食粮，并融入到自己的创作中。

1792年，战争蔓延到波恩，已经成名的贝多芬决定离开家乡，向当时已经拥有300多名职业钢琴家的音乐之城维也纳进发。信心满满的贝多芬决心征服所有人，他策划了一系列钢琴比赛，要将维也纳的钢琴家们逐一打败。他的举动掀起了一场轩然大波。初到维也纳的贝多芬，在一般人看来，举止粗俗，目光阴郁，脸上总是带着几分不屑，唯有几个密友知道这骄傲背影下有一颗温柔的心。他在给好友韦格勒的信中曾提到，假如自己看见哪位朋友生活拮据，而口袋里的钱又不够帮助他，他只要坐到桌前动手干活儿，转瞬间，他便能使朋友摆脱困境。在贝多芬眼里，他的艺术应该能对穷人有所帮助。

贝多芬雕像

十年间，贝多芬创作了大量的钢琴奏鸣曲，《第八（悲怆）钢琴奏鸣曲》《第十四（月光）钢琴奏鸣曲》等都是在此期间创作的。这些作品以更加集中的方式展示了贝多芬的古典传统风格，这种风格往往遵循前辈遗留下来的古典形式，其调性也都是平稳进行的。在他早期的钢琴奏鸣曲中，近一半作品都有四个乐章，这应该与海顿在作品中运用四乐章的影响是分不开的。

贝多芬与莫扎特都是年少成名，许多音乐家喜欢将两人放到一起比较。莫扎特喜欢以清晰明朗、睿智活泼的方式演奏；而贝多芬的演奏是生机勃勃的，充满浪漫气息，他演奏的突出特点是那标志性的、激情四射的力量，随着乐曲轻柔流畅有魅力的变化而变化。丰子恺认为，贝多芬是心的英雄，他的音乐，实是这英雄心的表现。在莫扎特看来，音乐

故居展出的钢琴

是音的建筑，其存在的意义在于音乐美。至于贝多芬，音乐则是他伟大灵魂的表征，故更有光辉。莫扎特的音乐是感觉的艺术，贝多芬的音乐则是灵魂的艺术。贝多芬的思想有更强的力量，他是向命运抗争的英雄，他终生奋斗所求为何？是对苦难和痛苦的解脱，是对命运和人生的大彻大悟，是人类最热烈最渴求的爱。他在苦难中磨炼自己的钢筋铁骨，来自内外的折磨未能将他击倒。此间抗争之残酷，唯有将生命视为极高信仰之人方能坚持。这或许正是他被称为“乐圣”的原因之一。

挑战命运

正当贝多芬的音乐事业蒸蒸日上之时，26 岁的他却不得不面对一个缠身的病魔——耳疾，这对于音乐家来说是致命的打击。耳朵的重听现象越来越严重，逐渐衰退的听力令他陷入绝望。这样糟糕的境地他独自忍受了好久，不敢对外人讲。直到 1801 年，他给波恩的友人韦格勒写了一封信，他在信中提到了这个秘密 :“我的生活是悲惨的。近两年，我拒绝一切交际，因为我无法跟别人说‘我是聋子’……请你替我保守秘密，千万别跟任何人说起我的病，也别对洛恩说；这是我最大的秘密，我将它告诉了你。”无论贝多芬如何努力隐藏这个秘密，人们仍然可以推测出他失聪的事实。贝多芬的学生费迪南德·里斯，在和老师一起散步时发现了这个秘密，他并没有当场戳穿，只是默默坐在老师身边，听老师哼唱无法辨识的曲调。而这些无法辨认的小调，正是伟大作品《热情奏鸣曲》的雏形。这首奏鸣曲后来成为他的代表性杰作之一，古典式的、严整的音乐形式与乐曲表现出的情感狂潮融为一体，高涨的战斗意志让人们感受到巨人般的力量。虽然最后是悲剧性的和弦收场，但仍传达出了作者以无边的热情对未来寄予的希望。这部作品打破了当时固有的规则，在当时影响巨大，给人们带来的慰藉与愉悦是同时代其他任何一位作曲家都不能做到的。

从维也纳贝多芬故居的南屋的窗户或者西边的橱窗望出去，越过海利根施塔特树林，能看到圣·米凯莱教堂。贝多芬的耳疾日益严重，到了后来，他看得到那边教堂的钟在摆动，但是却听不到敲钟的声音。听力逐步丧失，寂寞与绝望的狂潮席卷而来时，他的情绪一度非常低落。1802年，32岁的贝多芬写下了一封寄给朋友的信。这封信后来被称之为《海利根施塔特遗嘱》。他在遗嘱中写道：“我生就一副火热和活泼的性格，我爱和人一起社交娱乐，但我必须很早就离群索居，过着孤独的生活。有时我也想对这一切采取置之不理的态度，但我那残废的听觉给我双重痛苦的经验又将我无情得打了回来……是艺术——她留住了我。”①

这封信是他死后人们从一堆准备拍卖的遗物中发现的，它向世人展现了一个完全不同的贝多芬。有别于一直宣扬的斗士形象，信中的贝多芬更像一个普通人，会因为疾病而悲观甚至愤怒，会因为希望去祈求神

① 严宝瑜. 爱乐之道：人生必由之路[M]. 北京：北京师范大学出版社，2016：43-44.

故居展厅

明，还会对亲人朋友的关怀表示感激。而与普通人不同的是，即使病魔几乎剥夺了他拥有的一切，他始终对音乐和世人怀有强烈的爱与使命感，因此最终没有踏上绝路。

耳疾的痛苦与精神危机使得贝多芬对音乐创作有了全新的理解，他决定大胆地开创新路。在写完遗嘱后不久，他完成了他的《第二交响曲》。《第二交响曲》在音乐力量和戏剧性构思方面远远超过《第一交响曲》。第一乐章以慢拍引子开始，随后多种情绪从各个声部中涌现，交错冲击，旋律一直在不停地发展，最后木管乐器和弦乐组对话，为胜利铺平道路，直到音乐以庄严的曲调结束。第二乐章走向了暂时的平静，加入了许多装饰音，旋律更加优雅流畅。但第三乐章谐谑曲的出现打破了这种平静。与以往的小步舞曲相比，谐谑曲曲式速度更快，力度音区变得更大更高，这是一种非常奇妙的创新。末乐章设置大量的重复乐段，中间插进一些奇特的和声柔板，在这些和声柔板之后，更加狂怒的音乐喷薄而出，结尾极具张力。

这首交响曲有别于传统的交响乐，蕴含着丰富的戏剧性，通过乐章之间强烈的对比和充满机动性的节奏予以表现。与以往的柔和相比，这部作品充满活力和激情，让人看到了对生命的赞颂。其戏剧性的构思是以往交响乐创作中所没有的，这是贝多芬之后创作的基础，也是通往新风格的桥梁。在这里，贝多芬向命运发起了挑战，用自己的精神和意志力战胜了危机，使得同时代的音乐家不得不调整脚步紧随其后，旧有的音乐秩序也即将因他而改变。贝多芬将自己悲剧式的命运写入作品，这也是他写给命运的战书，战斗过后，便是“英雄”的诞生！

英雄之路

在 1792 年后的十年时间里，贝多芬革新了自己的风格。许多著名的作品在这一时期喷涌而出，包括第三到第八交响曲和三首协奏曲，以及歌剧《莱奥诺拉》和戏剧配乐《艾格蒙特》等。这一时期的作品，集中表现了贝多芬的英雄气概。音乐学家保罗·亨利·朗在《西方文明中的音乐》一书中这样写道：“贝多芬的整个身心都浸染着这种英雄主义理想，这是德国古典主义中热爱自由的英雄主义，这个基调体现在贝多芬音乐表达的每一个细节中……贝多芬的音乐才是真正的英雄主义……在他那里，我们抵达关于英雄的古典概念的极限，可能也是用音乐表现英雄主义的极限。”① 英雄情结是贝多芬音乐的核心所在，英雄主义思想多次体现在他的创作中。

在贝多芬海利根施塔特的故居里，还展览着贝多芬的一束头发，通过检测这束头发，后人发现了长期困扰贝多芬健康的病因。贝多芬头发中铅的含量是普通人的 42 倍，这足以证明他长期处于铅中毒状态。维

① 朗. 西方文明中的音乐 [M]. 顾连理，张洪岛，杨亚迪，等译. 贵阳：贵州人民出版社，2009：660.

也纳大学医学史研究所汉斯·班克和汉斯·耶塞雷尔就贝多芬的主要疾病及其发病时间比较分析得出结论：贝多芬一生中大多数疾病都源于慢性铅中毒。贝多芬长期饮用“苦艾酒”。在19世纪，欧洲人经常饮用的葡萄酒是经过铅化处理的，目的是去除酒中的苦涩味道，长期饮用这样的酒很容易导致腹痛、腹泻。贝多芬患有慢性肠胃疾病、肝炎、耳聋、肾结石等疾病，最后死于肝腹水，这些与铅中毒有着不可分割的关系。

令人惊异的是，在贝多芬的头发里没有发现19世纪病人常用的止痛药——吗啡或者鸦片类制剂的残留。他生前曾在没有进行麻醉的情况下，实施了四次肝腹水抽水手术。他害怕麻醉剂抑制他的神经、损害他的大脑，他要竭力保持头脑清醒，维持自己的创造力。难以想象，这位伟大的作曲家生前遭受着怎样的肉体痛苦，又是用怎样的意志和毅力来克服它。直到生命结束的前一周贝多芬才停止创作。这个不肯轻易屈服的人，即使遭遇任何不幸也从不言败，依旧满怀斗志。

1802年，贝多芬根据法国驻维也纳大使贝纳多特将军的提议创作了《拿破仑·波拿巴交响曲》。1804年，贝多芬从学生李斯特那里得知拿破仑称帝的消息后，对拿破仑的好感一下子烟消云散。他认为拿破仑为满足个人野心，践踏人权，成了一个暴君，便把写给拿破仑的献词撕得粉碎。这部曾经为拿破仑创作的交响曲的标题也被改为了《第三交响曲（英雄）——为纪念一位伟大人物而作》。

《第三交响曲（英雄）》是贝多芬最著名的代表作之一。作品极富戏剧性，塑造了一位普罗米修斯式的英雄形象，这位英雄有着冲破一切障碍的胆略与豪情。乐曲的第一乐章采用奏鸣曲式写成，直抒曲意，风格不停变幻，精致巧妙而又气势磅礴。第二章是葬礼进行曲，慢板乐烘托出肃穆悲壮的意绪，表现出人们对为自由而献身的英雄们的崇敬和沉痛哀悼。第三章活泼有力的谐谑曲式完全脱离了以往小步舞曲的优雅精致，通过急速、奔放的旋律，表达了英雄的坚定信念，并以乐观的态度为最后的胜利做好准备。终乐章是全曲的又一个高潮，抛弃了以往经典变奏曲的严格曲式，取而代之的是层层递进的混合曲式。这种自由变奏曲的形式，让人更加浮想联翩。全曲以充满强烈生命力的强音结束，先前英雄性的表达方式在这里得到了完美、淋漓尽致的抒发。著名作家罗曼·罗兰在书中这样写道："时代的精神在其中得以再现，那么强烈，那么纯洁，因为当代巨大的变化在孤独的巨人心中是强烈与纯洁的，这种印象即使和现实接触也不会减损分毫。"①

从西方音乐艺术的发展来看，贝多芬的《第三交响曲（英雄）》改变了维也纳古典乐派传统的创作方向，作品的内涵和艺术表现非常有创意，是一部划时代的作品。从艺术表现的角度来看，贝多芬在音乐结构方面的创新，使英雄的主要形象在广泛的戏剧性矛盾中得以发展。音乐规模的扩大，使各部分都得到充分的展示。与此同时，贝多芬还把葬礼时采用的音乐体裁和充满清新活力的、泼辣的谐谑曲引进这部交响曲，使整个交响乐套曲的面貌焕然一新。从内涵上看，该作品的创作与当时的社会历史紧密结合，第一次把具有重要社会政治意义的题材纳入交响乐这一音乐体裁。标题"英雄"并不是对某一个人的称谓，而是对法国革命的赞颂和对悲壮人生的体悟，是一部充分体现英雄品格的作品。贝多芬将英雄形象的主题贯穿交响曲的各个乐章，把乐曲一步步推向最后的高潮，加强了音乐的戏剧性张力。作品突破了古典主义重理性、重规则、重均衡的局限，以情绪的变化驱动音乐的发展，始终保持深沉、真挚的感情，呈现出浓厚的浪漫气息。这样一部颠覆性的作品，影响了其后音乐的发展，被称为浪漫乐派的开山之作。

艾格蒙特伯爵是贝多芬音乐中的另一位英雄。有学者说过，贝多芬的音乐是形神俱备的作品，其中的"神"，大抵源于贝多芬对人类社会兴起的新理论、新思想的热爱。他喜欢研究哲学，又酷爱文学，书架上堆满了康德、莎士比亚、歌德、席勒等文学巨匠的著作，他经常阅读，还会在有所感悟的段落中间画上标记。他其中几部作品的创作灵感就直

---

① 罗兰．名人传[M]．于鑫，译．西安：陕西师范大学出版社，2010：10.

悬挂的贝多芬画像

接来源于文学素材。《艾格蒙特序曲》是贝多芬在 1810 年为歌德的戏剧而创作的。主人公艾格蒙特伯爵是 16 世纪荷兰民族革命的指挥官，他带领民众反抗西班牙的压迫，在与荷兰西班牙总督的谈判中，他被监禁，最后被判处死刑。艾格蒙特的崇高形象和悲惨的命运深深触动了贝多芬，但仅仅是悲惨的结局并不能满足他。创作中，他改变了歌德原著中那种宿命的“单纯悲剧性”，加入了第十段音乐——“胜利交响曲”，赋予宿命更深远的意义。一个英雄倒下了，无数个英雄正在站起来，人民获得自由的新生之火，暗示光明即将到来。《艾格蒙特序曲》独特的音乐形象、严谨的构思和完美的形式给人们带来了巨大的精神冲击和强烈震撼。

除《第三交响曲（英雄）》和《艾格蒙特序曲》之外，贝多芬在此期间创作的其他作品也是非常独特的杰作。我们可以明显感觉出，他已经发现了运用各种手段扩大音乐表现力的奥妙，重塑了对音乐的认知。海顿、莫扎特的创作尽可归为“古典”，而贝多芬在这一时期建立起来的情感、音乐与认知创作标准却是全新的。

1815 年后的两年时间里，贝多芬选择了杰特斯的诗，创作了包括六首歌曲的声乐套曲《致远方的爱人》。这是一部分水岭式的作品，是作曲家迈向新风格的基础性一步。词与曲的结合显得既真实又浪漫，既温情又伤感。从节奏的运用来看，这部声乐套曲与他的大部分器乐作品中所具有的深沉、有力的四拍子为主的节奏有着很大区别。出于抒情表达的需要，舞蹈性、抒情性的三拍子占据了这部套曲的大部分。从主题看，之前的音乐创作多体现他对现实生活、社会、人生的哲理性思考，而这部作品体现了贝多芬瞬间的情感体验，是对爱情、亲情的个人抒怀，也是对某一时期那种患得患失的内在情绪的宣泄，直接展示了贝多芬作为一个平凡人的情感世界。贝多芬饱受生活折磨，对社会和人生都有深刻的感悟，他晚期的创作已达到了新的艺术境地，音乐风格也有了明显的变化。这与他这一时期的身体状况、心态、观念和艺术追求都有关联。此时的贝多芬已经淡化了中期的英雄概念，开始追求更加个人化的哲学冥想，这种冥想强调了作曲家的主题与音乐表现之间的密切关系。这使他能够使用各种技术来处理传统的音乐风格和结构。

1819 年至 1823 年，贝多芬在音乐家迪亚贝利的邀请下，创作了他人生中最为庞大的也是最后一部钢琴变奏曲——《迪亚贝利变奏曲》。贝多芬这部作品的 33 个变奏极为精彩，每个变奏都与主题的某个要素相联系，并通过节奏、速度、力度和音乐语境的变化形成别样的音乐姿态。作品构思巧妙，乐思凝练，在音乐的层层变化中体现的是作曲家对“纯音乐”深层意味的新感悟。

上帝与自由

贝多芬生活在有着虔诚宗教信仰的国家，他的父母和其他的民众一样，都是天主教徒。宗教精神浸润他的心灵，并通过他的言行和作品表现出来。他的谈话录中经常提及对人的友善、对自然的热爱和对生活的希望。但也有些学者将贝多芬归为自然神论者，特蕾兹·德·布伦瑞克曾说自然是贝多芬唯一的朋友。尤其是《第六（田园）交响曲》，更

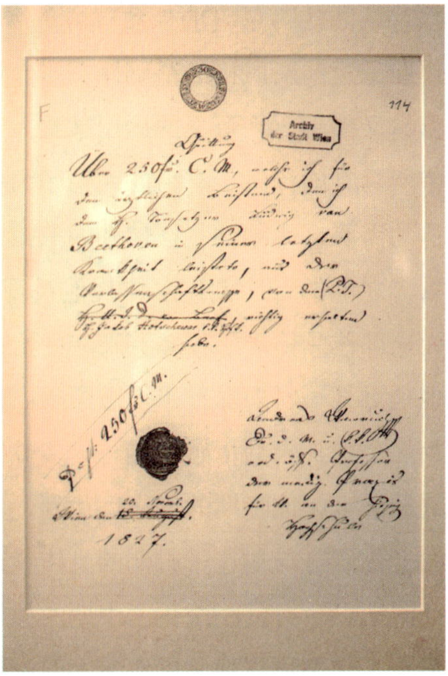

故居内展品

使得持这样观点的人认为这正是大自然与他神灵合一的结果。这部作品充满了田野、溪流、林木带给人们的怡然之情，是对田园生活的回忆，是人与自然、与神赐之物的交流。这部作品让我们看到了人性的沉重主题之外，如“英雄”“命运”“哲学”等，贝多芬还想要倾诉他已经意识到的世俗情怀和生命节律，这种对人或者物的爱，与他从小接受宗教精神的熏陶有着巨大的关联。

17 世纪和 18 世纪启蒙运动的科学精神虽然在欧洲广泛传播，但是贝多芬的宗教观念根深蒂固。贝多芬经常翻阅神学家克里斯托夫·克里斯蒂安施图尔姆所著的《对上帝时刻支配自然和人的命运的观察》一书。这一著作把自然的变化解释为上帝的运筹帷幄，是在理性和信仰之间寻找的中间点，为科学理性披上了宗教的外衣。在贝多芬为数不多的大型宗教题材的创作中，《庄严弥撒曲》占据着最重要的位置。这部作品是为鲁道夫大公就任奥尔米茨大主教而作的，但这又不仅仅是为宗教仪式服务的音乐。1824 年 9 月 16 日，贝多芬在给友人安德烈亚斯·施特赖歇尔的信中说，写这封信的主要目的是“唤起并表达在歌唱家和听众心中埋藏已久的宗教情感”[①]。创作时，贝多芬刚刚结束争取侄子卡尔监护权的官司。窘迫的生

① 贝多芬. 贝多芬书简 [M]. 杨孝敏，译. 桂林：广西师范大学出版社，2002：436.

活和没完没了的官司，使他的身心疲惫至极，精力几乎要耗尽了。与其说这部作品是为了“唤起并表达在歌唱家和听众心中埋藏已久的宗教情感”，不如说是他更需要获得宗教的慰藉。

1817 年，贝多芬在给鲁道夫大公的信中这样写道：“上帝大概将倾听我的祈祷，再次使我摆脱如此艰辛的逆境，因为我从童年时代起就开始信奉上帝，无论何时我能行善，我就行之，因而我只信奉他，我希望全能的神绝不会让我——在我所有的不幸之中——走向完全的毁灭。”①1827 年 3 月，在他准备做第五次肝腹水手术前，给音乐家莫舍莱斯的一封信中写道：“我服从命运的安排，仅祈求上帝以神的旨意注定，只要我必须忍耐活着的死亡……无论它是多么可怕，谦恭地顺从上帝的旨意。”②他把上帝视为自己生命的主宰，在上帝面前十分谦卑与恭顺。三天以后，他再次给莫舍莱斯的信中又写道：“但愿上帝使我早日再度康复。”③他在生命最需要慰藉的关头，最终渴望的是上帝的关照。

与对上帝的信仰一样，自由也是贝多芬一生中坚守的信念。

毫无疑问，贝多芬的晚期创作中最有影响的作品是《第九交响曲》。自拿破仑倒台之后，整个欧洲的自由主义者都开始激烈地反抗过度保守的政府，拥护为解放而战的民族运动。在这样的环境中，各国政府开始镇压民族主义运动。1819 年，奥地利通过了一项反动的“卡尔斯巴德法令”，建立起一套审查体系，贝多芬因持有共和观念受到怀疑。这样的社会形势，加上奥地利艰难的经济状况，以及许多贵族支持者的消失或去世，加剧了贝多芬的习惯性焦虑。为了抵制这种社会形势，贝多芬根据席勒的《欢乐颂》创作了《第九交响曲》。这部作品被认为是贝多芬在交响乐领域的最高成就，也是他音乐事业的最高峰。通过借用席勒的颂歌，直接向公众宣扬人性，呼吁个人和群体以自己的方式进行斗争，

---

① 贝多芬. 贝多芬书简 [M]. 杨孝敏，译. 桂林：广西师范大学出版社，2002：310.
② 贝多芬. 贝多芬书简 [M]. 杨孝敏，译. 桂林：广西师范大学出版社，2002：513-514.
③ 贝多芬. 贝多芬书简 [M]. 杨孝敏，译. 桂林：广西师范大学出版社，2002：515.

故居小院

并把人类的手足情谊作为一种信仰来保存，这也是他的音乐精神之基石。

作品完成之初，贝多芬并不想在维也纳演出这首新作品。当时，在这个浮华的城市里，像贝多芬这样冷傲、孤高的天才是不可能得到大多数人的喜爱的。他原本打算去伦敦，想在那里演出《第九交响曲》。但几位朋友恳求他不要离开维也纳，他们说：“我们也知道您的那些伟大的交响曲的桂冠上又增添了一朵不朽的鲜花……当一种外国音乐设法移植到我们的舞台，想把德国艺术作品弄到无人问津的时候，那位在人们心中地位崇高的天才人物却沉默着……我们民族期待着一种新的生命，新的荣光，并不顾当今时尚而重创一种真与美的时代，这一重任只有您能承担。”① 他的崇拜者们在歌颂他的才华时，首先想到是他的信念。

这些饱含深情的话语打动了贝多芬。1824 年 5 月 7 日，他在维也纳举办了第一场《庄严弥撒曲》和《第九交响曲》的演出。当贝多芬出现在舞台上时掌声雷动，演出非常成功，许多人激动得当场失声痛哭，

① 罗兰. 名人传 [M]. 陈筱卿，译. 北京：国际文化出版公司，2010：24.

演出引起的狂热反响甚至惊动了警察。时势艰难，反动势力压迫着人民，但没有任何力量可以约束贝多芬的思想。诗人库夫纳在写给贝多芬的信中写道："文字被束缚住了，但幸好声音还是自由的。"[①]贝多芬就是那自由的伟大声音，他总是不忘履行职责——他的艺术只为人类而战。贝多芬常说，他的责任就是把他的艺术献给"可怜的人们"，给他们勇气。贝多芬在给侄子的信中写道："我们的时代需要坚强的心灵去鞭策那些可悲的人们。"贝多芬在政府官员、警察、贵族甚至在公众面前总是自由地发表自己的意见，但被他鞭策的人们似乎认为他的批评和嘲讽只是无关痛痒的梦呓，因而充耳不闻。

1826 年 11 月底，贝多芬因感冒而患上胸膜炎。1827 年 1 月 3 日，他将侄子定为继承人。他想起了莱茵河畔的朋友韦格勒，写下了最后一封信。1827 年 3 月 26 日，在一个暴风雨的夜晚，他咽下了最后一口气，结束了这漫长而痛苦的人生旅程。

结语

18 世纪到 19 世纪，正是古典主义与浪漫主义的交汇时期，以宏观视野来考察西方音乐发展史时，我们不能把二者完全对立起来。音乐大家保罗·亨利·朗曾对古典主义和浪漫主义的关系表达过这样的观点："不应把浪漫主义当作古典主义的反面，它不只是古典主义的反动，而是古典主义中曾经固有的、积极的但驯服而保持着平衡状态的某些因素的一种逻辑的发展。"[②]不可否认，无论是古典主义还是浪漫主义，作为音乐风格存在都有着密切关联和时代意义，有的学者也认为古典主义与浪漫主义是同一音乐现象的两个方面，二者组合成为

---

① 罗兰．名人传 [M]．陈筱卿，译．天津：百花文艺出版社，2013：26.

② 朗．西方文明中的音乐 [M]．顾连理，张洪岛，杨雅迪，等译．贵阳：贵州人民出版社，2009：740.

贝多芬的又一处故居外景

一个音乐大时代。在这样的大时代中，贝多芬作为集古典之大成的音乐家，与浪漫主义音乐的发展联系也同样紧密。他的主要作品都创作于 19 世纪，除了创作技法，更为重要的是，在精神上对浪漫主义音乐家产生了巨大影响。在他的作品中，时常出现一些普罗米修斯式的人物形象——英雄的行为遭到某种邪恶势力的压迫，经过激烈的斗争最后赢得胜利或者就此沉寂。但无论结果如何，都展现了这位艺术家强大的精神力量和用艺术拯救世界、成就丰功伟业的崇高理想。

有学者曾经这样分析："贝多芬音乐之所以如此宽厚宏博、气象阔大，以至于产生了惊风雨、泣鬼神的效果，就在于他所处的内外困境和他观天、察地、识人（人类命运）的那种哲人大思虑。"[①]他不同于其他作曲家的文化价值考量，最终成就了其独特的音乐风格，今天我们才能够在他的众多作品中，感受到英雄观念的推崇、启蒙思想的影

① 赵鑫珊．贝多芬之魂 [M]．上海：上海音乐出版社，1997：141.

响和信仰的存在等或感性的抒发或理性的思考，以及其作品所特有的人文精神。这些特质的交融，也反映出贝多芬作为文化继承者和传承者的复杂性和交融性。

贝多芬作为浪漫主义新潮流的开拓者，我们很难忽略其音乐中充满着的理性光辉，很难不被其音乐中的强大生命力所征服。德国作曲家、音乐评论家罗伯特·舒曼在《音乐与音乐家》中对贝多芬做出这样的评价："以一百棵百年以上的大橡树，在地上书写他的姓名，或者把他雕刻成一个巨大的塑像，这样他就可以像生前一样，居高临下地俯瞰群峰。在莱茵河航行的船上外国人问起：'这个巨人是谁？'连三尺孩童都可以回答，这是贝多芬。——他们就一定会认为，这是德国哪个朝代的皇帝。"①巨人贝多芬用自己的音乐与人生在人类文明史上树立起了一座丰碑。

（撰稿：祝铭）

① 舒曼. 舒曼论音乐与音乐家[M]. 陈登颐，译. 北京：人民音乐出版社，1960：14.

参考文献

贝多芬．贝多芬书简 [M]. 杨孝敏，译．桂林：广西师范大学出版社，2002.

丰子恺．丰子恺谈音乐 [M]. 北京：东方出版社，2005.

舒曼．舒曼论音乐与音乐家 [M]. 陈登颐，译．北京：人民音乐出版社，1960.

朗．西方文明中的音乐 [M]. 顾连理，张洪岛，杨雅迪，等译．贵阳：贵州人民出版社，2009.

罗兰．名人传 [M]. 于鑫，译．西安：陕西师范大学出版社，2010.

罗兰．名人传 [M]. 陈筱卿，译．北京：国际文化出版公司，2010.

罗兰．名人传 [M]. 陈筱卿，译．天津：百花文艺出版社，2013.

西普曼．贝多芬传 [M]. 兰萍，唐跃勤，译．长沙：湖南文艺出版社，2016.

严宝瑜．爱乐之道：人生必由之路 [M]. 北京：北京师范大学出版社，2016.

赵鑫珊．贝多芬之魂 [M]. 上海：上海音乐出版社，1997.

舒伯特

“维也纳，必定是一块适合音乐创作的沃土，有着最伟大的音乐大师的所有回忆。”① 作为世界音乐之都，美丽的奥地利维也纳聚集着许多大名鼎鼎的指挥家、音乐家，贝多芬、海顿、莫扎特、施特劳斯都曾在这里度过自己美妙的音乐时光。当然，还有一个不得不提的杰出人物——弗朗茨·舒伯特。

在维也纳郊区努斯多尔菲大街上屹立着一座舒伯特纪念馆。这里曾经是一幢宁静优雅的带有天井的二层小楼，有 16 户居民，每户只有一个大房间和一间厨房，据当时的数据统计，这座公寓里曾有近 200 个孩子，拥挤程度可想而知。幼时的舒伯特家境并不算殷实，因为舒伯特的父亲在学校担任校长一职，所以占了这幢楼的两户——舒伯特的父亲白天会在另一个房间里教授一些孩子学习小学课程。在他 5 岁的时候，父亲带着一家人搬进了一所略微宽敞的房子。努斯多尔菲大街

① 伍德福特．舒伯特 [M]．黄正乔，译．南京：江苏人民出版社，1999：21.

上的这所房子作为舒伯特出生的地方吸引着众多游客纷至沓来。舒伯特纪念馆内展有舒伯特曾戴过的眼镜和用过的吉他，以及多幅他的画家朋友们为他画的肖像画等。其中最特殊的展品便是端端正正地摆放在那里的死亡证书，无声地刺痛每一个慕名而来的观者的心。在舒伯特纪念馆中我们可以听到舒伯特的一些传世名曲录音，如《鳟鱼》《冬之旅》等。能够在他生活过的地方听他的音乐，还有什么事情能比这更令人心驰神往呢？

舒伯特是一位高产的作曲家。在他短短 31 年的生命历程中，舒伯特以惊人的天赋与超乎常人的勤奋创作了 1000 多首优秀作品，涉及的种类有钢琴曲、教会音乐、合唱曲、歌剧、交响曲、艺术歌曲等，其中艺术歌曲就有 600 多首。所选择的诗词内容广泛，有热爱自然的《致春天》，有歌颂艺术与爱情的《致音乐》，有表达内心孤独的《幻影》，还有虔诚祈祷上苍的《圣母颂》。在这些歌曲中，舒伯特所创作的钢琴伴奏更令人震撼。在舒伯特那里，伴奏不再只是单纯的伴奏，还尽可

舒伯特故居（奥地利维也纳）

能地诠释歌词内涵，可以说是达到了诗、乐、曲完美融合的程度。声乐、词句、旋律被舒伯特熟练地编织交融，给观众以听觉上的完美体验。这种表现形式能够充分地表现作者的情感、态度，使作品本身更具张力，一直影响着之后的浪漫派作曲家的创作。

舒伯特是一位平民作曲家。他一生不曾拥有显赫的名声与地位，不曾大富大贵，更为糟糕的是他不善理财，常常入不敷出。舒伯特的一生自由平凡而又艰辛。他靠着对音乐的赤诚与热爱艰难度日，在音乐中释放自己，在音乐中寻找自己，在音乐中升华自己。他为音乐而生，维也纳也因他的存在更加精彩。

舒伯特是单纯的，他对音乐是坦诚的，也是虔诚的，他走的音乐道路是自己喜欢的，这使得他在自己的音乐世界里，无比自由、无比快乐、无比满足。

勤奋天才爱音乐

1797 年 1 月 31 日，舒伯特出生在维也纳郊区的一座小公寓里。他是家里的第十二个孩子，也是仅存活下来的五个孩子中的一个。舒伯特的父亲弗朗茨·特奥尔多·舒伯特是一所学校的校长，母亲伊丽莎白·维兹在结婚前是一个仆人。父亲是舒伯特的第一位老师。在舒伯特年幼的时候父亲就发现了他的音乐天赋，亲自教他拉小提琴，并且让长子伊格纳兹教舒伯特弹钢琴。在舒伯特 7 岁的时候，父亲带他拜访了当时维也纳音乐界的权威人物安东尼奥·萨列里，以确定舒伯特在音乐上的天分。此外，父亲还为舒伯特请来利希滕塔尔教堂唱诗班的指挥米夏埃尔·霍尔策担任他的通奏低音、管风琴和声乐老师，但此人并未带给舒伯特多少新知。“无论我想教他什么新东西，他都早已领会。因此，我实际上并未给予他什么正式辅

二层小楼的故居

导，只是与他交谈，并默默地为他的才华感到震惊。”[①]这是当时霍尔策对年仅 10 岁的舒伯特的评价。父亲为舒伯特音乐道路的发展打下了良好的基础。舒伯特凭借超人的天赋以及良好的教育，音乐造诣突飞猛进。由于舒伯特的嗓音高亢、优美，11 岁的他成为利希滕塔尔教堂的第一男高音。舒伯特的另一个哥哥费迪南德评价当时的舒伯特：他是个称职的首席音乐家，总是能适时引导礼拜堂里人们的情绪，他可以在顶层管风琴房间独奏小提琴，并创作小型弦乐四重奏、歌曲集和钢琴作品。纵然费迪南德的描述有着夸大的成分，但舒伯特的音乐才华由此可见一斑。

1808 年，舒伯特通过考核，进入了当时维也纳最高教育机构皇家神学院。在神学院期间他写出了第一交响曲和一首三乐章的钢琴四手联

① 特内尔．弗朗兹·舒伯特 [M]．郝彤，译．北京：外文出版社，1999：10-11.

弹狂想曲以及五首弦乐四重奏。舒伯特有着令人惊叹的声音和同样令人羡慕的音准，他在音乐上不凡的表现获得了当时教堂音乐总监安东尼奥·萨列里等人的赞赏。在学业上，舒伯特经常收到这样的评语：有一种特别的音乐才能。甚至有人在给宫廷音乐长官的文件上提出，应当对弗朗茨·舒伯特的音乐教育进行一种特殊的关照。在空闲时，舒伯特都沉迷于音乐创作，谱写了不少歌曲和一些器乐作品。但遗憾的是，这些作品被保存下来的很少。舒伯特在1810年创作的《G大调狂想曲》是他第一首标有明确日期的作品。当时，舒伯特年仅13岁。1812年9月，舒伯特根据席勒的诗谱写的《池塘边的年轻人》被认为是他创作的第一首真正意义上的艺术歌曲。

舒伯特的天赋引起了萨列里的注意，萨列里决定教授他作曲和音乐理论。这绝对是一份极高的荣誉，因为此前，萨列里从未亲自教授神学院的学生。萨列里对舒伯特的兴趣源于一年前舒伯特所谱写的《海格的悲歌》。这是一首长篇幅、充满创意的歌谣，也是舒伯特现存原稿中创作年代最早的曲子，这首曲子的成熟度远远超过了一个14岁孩子的水平。曲子展示了母亲对垂死爱子的悲怜疼惜之情，也在一定程度上反映了舒伯特的家庭悲剧。歌词出自当时最杰出的诗人约翰·琼斯泰格之手，舒伯特非常喜欢——舒伯特开始创作歌曲也源于早年对这位诗人的喜爱。萨列里对于舒伯特的具体教导内容现在已经无人知晓了，但据舒伯特的同学霍查弗尔回忆，萨列里的亲自教导只是些零星指正而已，主要集中在读谱与视奏上。不管怎样，跟随萨列里学习使舒伯特在音乐上的造诣又深了一层，并且这时候舒伯特常有机会接触莫扎特和格鲁克的舞台音乐作品，为其以后的自由创作提供了借鉴。

1812年，舒伯特变声了，但由于他课业成绩优秀，还是被允许继续留在学校学习。1813年，舒伯特将大多数的时间用于参加音乐活动，课业成绩一落千丈——这导致了舒伯特在神学院的求学之路异常艰难。舒伯特的好友斯帕文曾说，舒伯特形容神学院像座“监牢”，但舒伯特给人的感觉仍相当快乐自在，这主要是因为他有许多机会参加音乐活动。最后舒伯特还是离开了神学院这个牵绊他追求自由音乐之梦的地方。据斯帕文描述，当时舒伯特把在学校的所有时间都花在音乐上创作了，所以才导致课业一塌糊涂。我们可以这样毫不夸张地说，舒伯特对音乐创作已经达到了痴迷的地步，他对音乐爱得“一塌糊涂”。

离开神学院之后的舒伯特听从父亲的建议准备做一名教师，所以在 1814 年夏天，在父亲的敦促下完成了在圣安娜学院的师范课程，回到了父亲所在的学校执教。舒伯特的性格沉稳内敛，即使身处嘈杂环境仍能专心思考。执教期间，舒伯特工作日益繁重，社交范围也逐渐扩大，但是他仍然挤出时间创作了丰富的作品。舒伯特飞快的创作速度与他超乎常人的专注力有关。这种专注力随年龄的增长而加强。

1814 年底，舒伯特的创作数量已相当可观，除了散佚不可考的作品外，他完成了第一号 D 大调交响曲、六首家庭编制的弦乐六重奏，以及数量颇多的宗教音乐、艺术音乐等。在此期间舒伯特创作了著名的《纺车旁的格丽卿》，这是一首被称为“天才之作”的作品。《纺车旁的格丽卿》节选自《浮士德》，是舒伯特首次尝试用歌德的诗进行创作的作品。对这首词曲搭配近乎完美的歌，有人评价道：“这世上是否有完美的艺术创作，是个存在已久的问题。这首歌便是答案，没有人能再质疑，因为舒伯特用音乐回答了一切。”① 在这首歌曲中，舒伯特用单调反复的钢琴伴奏作为织布纺锤的象征，曲中高潮处，纺织女伤痛至深，中断纺织，音乐亦戛然而止；随着她的心情逐渐平复，音乐也再次缓缓响起。这首乐曲以音乐描述纺织女深刻凄绝的情感升华，技巧完美无瑕。这也引得整个维也纳的知识分子争相领略这位年仅 17 岁的小学教书匠的音乐才华。1815 年，舒伯特又以惊人的速度创作了 100 多首作品；1816 年创

---

① 韩才．歌曲记：舒伯特 [M]．通辽：内蒙古少年儿童出版社，2002：7.

作了 160 多首。《魔王》和《纺车旁的格丽卿》两首旷世不衰的经典之作也只是舒伯特在 1815 年 10 月里创作的诸多作品中的两首而已。即使之后饱受疾病折磨，他也依然保持着旺盛的创作精力。他常常是创作完一首便立即投入到下一首的创作中，速度之快令人咋舌。他逐渐形成了自己独特的创作风格，能够走进听者的内心，将听者的情感引入歌曲中，从而让听者获得美的享受。

舒伯特在一封给友人的信中写道，他就是为了创作才来到世界的。舒伯特，是天生的音乐家。

生命艺术向自由

“舒伯特体内潜藏着两种天性，其中奥地利人粗犷及放浪形骸的特质在他的生命与艺术中表露无遗。”舒伯特的好友、当时小有名气的音乐家爱德华·冯·巴恩费尔德的这个评价很中肯。舒伯特天生直率，不

故居内陈列的钢琴

典雅的环廊

喜欢被束缚，这与他的经历有很大的关系。

自 1792 年弗朗茨一世即位成为皇帝之后，奥地利即与革命中的法国一起卷入战火之中，其间偶有短暂的和平，直到 1815 年拿破仑在滑铁卢最后一役彻底失败才战火渐熄。1815 年起之后的 30 年间，奥匈帝国基本完成了“攘外”的工作，但“安内”却仍相当不易。弗朗茨一世性情多疑，议会首长梅特涅王子更是为巩固其领导地位颁布了许多禁令，当时的思想自由受到了严重限制。很多大学校园也混进了秘密警察的暗探，严重影响了校园的言论自由。这种压抑、迫害激发了一批才华横溢的诗人、作家、艺术家和中产阶级知识分子对自由、平等的向往，为后来民主思想的发展播下了种子。这也深深影响了舒伯特的音乐创作。

舒伯特早期的交响曲和弦乐四重奏作品虽然仍沿用古典时期惯用的作曲手法，但绝非模仿海顿、莫扎特或贝多芬等前辈大师之作。这是初具大师风格的年轻天才的作品，而且已初现舒伯特后期作品的特殊风格，舒伯特音乐中为抒发情感而特有的声部变化特质已清晰可见。他不惜违背父亲意愿，放弃教师的工作，离开神学院专心创作音乐，追求生命的自由。他很少去看流行的戏剧，更不用说参加上流社会的活动。他偏爱在城郊小酒馆消磨时间，和朋友高谈阔论，畅谈过午夜也浑然不觉。因此舒伯特养成上午 10 点至 11 点才起床的习惯，而这段时间正是最具创作灵感的时候，一个上午便这样度过，教音乐赚钱的大好机会也因此溜走了。他向往音乐创作上的自由而不愿被名利拖累，也许这也是其他艺术家所向往的生活吧，但像舒伯特这样洒脱与自由的人或许有，却少有人能做得这么利落干脆。

舒伯特在作曲创作上保持着坚定与独立，他不会随波逐流，他只想坚守自己喜欢的风格。舒伯特的歌剧创作一直不甚理想，主要是因为当时音乐界的特殊情况：由意大利主导的歌剧流派风行全欧，创作类似《费岱里奥》《自由射手》等德国歌剧的作曲家在市场竞争上以及音乐界中均受排挤，演出成功的更是少见。剧院经理、听众以及歌唱家对德国歌剧根本不屑一顾，他们想要的是罗西尼的歌剧，或是轻松的法国歌剧。舒伯特并没有因为世俗的压力而改变自己的风格，而是坚持自我，继续《阿方索与埃斯特莱拉》等德国歌剧的创作，但这部舒伯特用心创作的歌剧在他生前从未上演过，这导致他的歌剧创作远不如艺术歌曲创作成功。

充满生机的小窗

1825 年 8 月至 9 月期间，

舒伯特写了八首水平颇高的艺术歌曲，《海豚》便是其中之一。《海豚》创作于斯提尔，这是一首女声版歌曲，显示了舒伯特对女性心理的深刻了解，也是舒伯特最杰出的作品之一。此曲包括四组歌词，外加一段副歌。由歌词的编排来看，舒伯特采用复节歌曲形式创作，无论是声乐或是钢琴伴奏部分都是一气呵成、乐思流畅无碍。这是一首相当长也颇具难度的歌，演唱家珍妮·贝克谈到她演唱这首歌的经验时说，要以绝对单纯无矫饰的方式面对它，如果以惊颤恐惧的态度逐字逐句去揣摩演唱当然是对的，但唯有以一颗纯真如幼童的心臣服于作曲家的创作意念，才能将曲中的含义尽善尽美地诠释出来。著名歌唱家迪特里希·费舍尔·迪斯考也曾经这样谈过舒伯特的作品：真正使舒伯特在众多作曲家中脱颖而出的原因是他的真诚与自然。舒伯特的歌曲自成一格，绝无矫饰虚伪的“演唱”成分，却又极富浑然天成的戏剧效果。而且，无论演唱者如何潦草，即使毫不在意地随便唱唱，舒伯特歌曲中的神奇魔力依然不受影响。

舒伯特的歌曲是真情的流露，是对自由向往的表现。这些字句音符在组合时是有生命力的。保持一颗对待艺术的赤诚之心或许是演绎舒伯特音乐的最好方式。

情乐相融盈生活

舒伯特在神学院除了接受系统的音乐教育，最大的收获应该是结识了他一生的知己斯帕文和其他几个好友。斯帕文比舒伯特年长11岁，是最赏识舒伯特的人。之后舒伯特虽然因故离开神学院，但仍然与他的好朋友们保持密切的联系。在舒伯特离开神学院的日子里，朋友的慰藉对他来说尤其重要，他们带领舒伯特踏入维也纳的知识分子圈内，结识诗人、画家、演员、作家、律师等，很多颇有名望、颇具才华的人都成了舒伯特的好友。这些朋友们对舒伯特的才华表现出肯定、兴趣，也激励他走上致力于音乐创作之途，同时他们也积极向外推介舒伯特和他的音乐。

斯帕文在这时也介绍了不少人同舒伯特认识，比如说约翰·梅尔豪费尔。梅尔豪费尔是一位热爱音乐并拥有一双灵敏耳朵的诗人。梅尔豪费尔与舒伯特两人互相赏识：梅尔豪费尔的诗作启发舒伯特的灵感，从而创作出优美的作品；而梅尔豪费尔认为他的诗只有在舒伯特作谱配乐之后才更有价值。两人很快便成了莫逆之交。舒伯特当时谱曲采用的诗，除了歌德的之外，便是梅尔豪费尔的了。梅尔豪费尔曾经毫不犹豫地道出舒伯特谱的曲对他的意义：“我写诗，他为我的诗谱曲，完全是因为他谱的曲旋律太迷人，我的诗才得以留存并广为流传。”①音乐使这两人惺惺相惜。

静静的长廊

弗朗茨·舒贝尔也是舒伯特生命中不可不提的一个人，亦是由斯帕文介绍而相识。舒贝尔出生在瑞士，他出身世家，终生不虞钱财匮乏问题。同时，他身兼作家、演员、画家、国际象棋高手等多重身份。他是个迷人的绅士但又脾气很大，舒贝尔身上反传统的个性深深影响着舒伯

① 伍德福特．舒伯特[M]．黄正乔，译．南京：江苏人民出版社，1999：37.

干净整洁的庭院

特。舒贝尔不信教，无道德礼教的观念，有时甚至懒散、虚浮、毛躁，但是舒伯特却在众人对舒贝尔持否定态度的情况下，从他身上挖掘到了真正的“性灵之光”。舒伯特曾在舒贝尔家长住，创作了大量作品。

在舒伯特生命中还有一位重要人物——歌唱家约翰·米歇尔·弗格尔。在维也纳皇家剧院，只要有弗格尔出演便是票房的保证。弗格尔在舒贝尔等人的游说下，终于答应参加在舒贝尔家举办的宴会，听一下舒伯特的音乐。正是这场聚会促成了弗格尔与舒伯特深厚的友谊。这段友谊对舒伯特影响至深，不仅升华了舒伯特的音乐感悟，而且扩大了舒伯特的知名度，为舒伯特音乐的传播创造了社会条件。

1820 年对舒伯特来说是极其重要的一年。随着舒伯特的歌剧公开上演以及他在室内乐创作上的突破，越来越多的文人雅士聚集成一个支持推广舒伯特音乐的圈子——“舒伯特党”。他们聚集在一起演奏舒伯特的室内乐，唱歌，跳舞，饮酒作乐。桑莱斯勒、舒贝尔、斯帕文等许多人都成了舒伯特的忠实乐迷，并且互相支持，尽微薄之力传播舒伯特的音乐。舒伯特的音乐对当时的乐坛评论家而言太过艰涩，遥不可及，他的乐迷朋友们却始终保持高度热忱，并以赞美、鼓励的态度督促他在艺术领域更上一层楼。可以说，舒伯特的朋友们在他的创作生涯中扮演了极为重要的角色。

舒伯特终生未娶，他和特丽莎·葛罗伯的感情却不容忽视。特丽莎是利希滕塔尔教堂合唱团的歌手，有一副清甜的女高音歌喉。舒伯特曾经为她写过几首曲子，包括比较著名的 C 大调《圣母颂》。但这段恋情最后不了了之。在舒伯特朋友的回忆中，特丽莎应该是舒伯特唯一真正爱过的人。舒伯特以爱情为主题的曲目比比皆是，比如《爱之毒》《挫折的爱》《渴求爱》《初恋》《一切为了爱》《秘密》等。舒伯特虽然外表冷淡，但内心有着炽烈的情感。他将情感寄寓于音乐，从而谱写了一首首旋律与情感俱佳的乐曲。他从自身的经历中体会、锤炼出音乐中独特的人性，再加上他总能选择符合自己风格的诗歌，因此创作出了一首首不凡的乐曲。

温暖的友情、未有结果的爱情丰富了他音乐创作上的素材，使其最真实、自然的情感得以流露，很大程度上填补了他生命的空白，同时也让我们更加了解这位沉稳的作曲家。

满腹热忱化诗灵

哈多爵士曾对舒伯特有这样的评价：“虽然就乐思与体裁的明晰而言，他不如莫扎特，就音乐建构能力而言，他远逊于贝多芬，但就诗意的表现力及暗示力而言，却是前两者所不能及的。”① 舒伯特像个诗人，他的歌曲带有很强的诗意。

在舒伯特的众多作品中，歌词选自歌德诗作的多达 67 首。歌德几

① 周薇. 西方钢琴艺术史 [M]. 上海：上海音乐出版社，2003：111.

部重要的诗作多次出现在舒伯特的音乐作品中，比如说《猎人的夜歌》《河边》等。舒伯特用音乐为歌德诗作的意境作了一种有形的诠释，使歌德的诗又达到了一个新的高峰，同时也成就了舒伯特自身和一批歌唱家。

在舒伯特诸多优秀的声乐作品中，最具有代表性的是《美丽的磨坊少女》，这组声乐套曲清晰地展现了舒伯特艺术歌曲的创作形式。首先，他采用复节歌曲形式创作，从而使得歌曲情感的流露更有层次感；其次，叙事歌更具戏剧性，能够吸引听众的注意力，增强音乐本身的魅力；第三，与复节歌曲相对的便是无节歌曲。舒伯特创作艺术歌曲时绝不拘泥于任何一种形式，总是将这三种基本形式混合并用。无节歌曲主要以一致的伴奏风格保持歌曲的统一性，并以不同的音乐处理方式，展现变化多端的情绪与意念。复节歌曲看似简单，实则是创作上最艰巨的挑战。音乐家勃拉姆斯曾说过，与复节歌曲必须以同一旋律搭配数节原诗的形式相比，创作无节歌曲简直如同小孩的游戏。舒伯特在音乐上的执着追求与创新探索使他为维也纳音乐增添了一抹亮色。

德国后期浪漫派诗人威廉·缪勒的诗一直受舒伯特青睐。在之后的《冬之旅》创作中，舒伯特对缪勒的诗了解得愈加透彻。他的音乐旋律契合诗中的意境，没有半点矫饰的成分。他本身的情感深刻地蕴含在他的音乐中，再配以缪勒的诗，更见其诚挚。舒伯特的心灵辽阔高远，他将每个靠近他的人带入遥远的心灵深处。在那里，晨曦是人类一生的追求，然而点点星辰似乎又隐约地述说人生旅途不可避免的艰辛困苦，这是人类灵智境界上永远存在、无可言喻的界限。这正是德意志浪漫艺术文化风潮之本。虽然每首歌标题各有不同，但是它们之间以这种隐藏在诗人、诗作以及歌者之间的和谐信念为基础，从而熠熠生辉。

舒伯特的《第八交响曲》是音乐史上的一大奇迹。1820 年 12 月初，舒伯特创作了一首弦乐四重奏的 C 大调乐章——《四重奏乐章》。这首弦乐四重奏，不落俗套，原创风格明显，情感丰富，和声运用大胆而充满新意。舒伯特并未依据古典奏鸣曲既定的格式写作，而是在

秋日的庭院

发展部结束后另辟蹊径。美籍德裔音乐评论家阿尔弗雷德·爱因斯坦在分析此作品时提到，乐章的起始在近结尾处复又出现，仿佛有意要摧毁乐曲原本的狂喜气氛。音乐中绝望悲郁的情绪或许正反映了当时舒伯特的心境。降 A 大调行板的第二乐章情感更加浓烈，更具悲剧意味，但并未完成。如果舒伯特完成了这首弦乐四重奏，它必定是一首旷世佳作。即使此曲这样不完整，它也已经是一部公认的完美的交响乐作品了。

再看他的《第九交响曲》。《第九交响曲》代表着舒伯特在音乐上的最高成就。这首划时代的巨作充分表现了舒伯特的音乐生命力和表现力。此曲一开始由圆号缓缓地奏出主题，随着乐章的进行，主题逐渐增强，至第一乐章结束时整个乐团繁弦急管，激昂热烈。第二乐章行板别出心裁地以铜管表现诗一般的意境，而不仅限于增强气势。接下来，谐谑曲中凶猛、持久的热力，预示了终曲火山爆发般急促和有力的节奏。最后一个乐章的惊人长度（共 1154 小节）再次增强了乐曲磅礴的气势。整首交响曲就是古典形式与浪漫精神的完美结合。这也充分体现了舒伯特是立足于古典传统进行自由创作的。无怪乎舒曼说，谁若是不知道这部交响曲，那么可以说他对舒伯特还知道得不多。《第九交响曲》体现了浪漫主义的新风格，是舒伯特最著名的作品之一。

《舒伯特传》作者布朗说："大部分作曲家在音乐中追求的是机敏、暗示、圆滑、精致、如诗如画般的描写以及华美的演奏。这正是其他作曲家吸引听众注意的必备要素，他们的歌曲、钢琴曲以及交响乐作品就是以此为创作方向的。舒伯特则正好相反，他的艺术歌曲既非英雄豪杰式的凯歌，也非愤世嫉俗的冷嘲热讽，他表现的是人类内心赤裸裸的情感，坦白、纵情狂想的浪漫，以及一种独特的幽默。这绝非简单的都市式表现，也不只是内向之人的表现方式，而是舒伯特借音乐超越文字叙述的界限而达到的最高境界，也正是这个特质使他能够凌驾于其他作曲家之上，成为真正浪漫派的泰斗。"这番一针见血的言论鲜明地指出了舒伯特与当时许多音乐家的不同之处，肯定了舒伯特在音乐史上的成就。

1828 年 9 月 1 日，舒伯特的痼疾加重，他听从了医生的建议搬进了哥哥费迪南德的房子里静养。不幸的是，这所刚落成、尚未干燥的房子对他的病情产生了更坏的影响。在病情恶化的时候，舒伯特依然坚持创作，创作给了他坚持下去的力量。他与费迪南德偶尔的短期旅行也减轻了病痛带给他的折磨。虽然他一直在与疾病做斗争，但 10 月的最后一天，伤寒还是把他击垮了。病情反复发作之后，舒伯特最终在 11 月 19 日下午 3 时去世，年仅 31 岁。

舒伯特将德国艺术歌曲推向前所未有的高峰。舒伯特受到莫扎特歌剧以及格鲁克的抒情调管弦乐配制的影响，进而将这两者完美结合并用钢琴展现出来。这样抒情和戏剧兼具的效果在当时是划时代的创新，也正是这种伴奏与声乐旋律完美的契合将德国艺术歌曲的发展推向了最高境界。

舒伯特一生都活在音乐里，用音乐去交际，去抒发自己的感受。

他一生中的大部分时光都生活在以音乐而闻名于世的维也纳，在贝多芬等人的光环下依然保持独立的个性。他热爱音乐，心甘情愿为之努力，奋笔疾书后落在纸上的音符是他留在世上的“性灵之光”。

舒伯特在古典音乐与浪漫主义音乐之间搭起一座桥梁，用古典形式和浪漫主义的情感来书写内心最赤诚的感受。他一生贫困，而且他的音乐在当时并没有得到大众的广泛喜爱，但他坚持在音乐的道路上继续前进，并不断勇攀新的高峰，以优美的旋律和丰富的情感感动世人，为后来者树立了榜样。舒伯特凭借自己的天赋以及努力，在维也纳这座音乐之城里树立起一座不朽的丰碑。

（撰稿：李建萍）

参考文献

弗里德里希 . 舒伯特 [M]. 孙劲松，译 . 北京：中国广播电视出版社，2000.

耿捷 . 舒伯特 [M]. 北京：人民音乐出版社，2005.

韩才．歌曲记：舒伯特 [M]．黄正乔，译．通辽：内蒙古少年儿童出版社，2002.

卢克斯 . 舒伯特 [M]. 高中甫，译 . 北京：人民文学出版社，2009.

特内尔 . 弗朗兹·舒伯特 [M]．郝彤，译．北京：外文出版社，1999.

伍德福特 . 舒伯特 [M]. 黄正乔，译 . 南京：江苏人民出版社，1999.

希尔马 . 舒伯特 [M]. 王剑南，译 . 北京：人民音乐出版社，2005.

周薇 . 西方钢琴艺术史 [M]．上海：上海音乐出版社，2003.

门德尔松

莱比锡是世界著名的音乐之城，也是德国音乐会的发源地。在莱比锡市中心举世闻名的音符路上，有一座古典主义风格的住宅，这是德国作曲家、钢琴家、指挥家门德尔松最后生活过的地方。随着世事变迁，此处住宅，也就是莱比锡国王大街 3 号（现莱比锡金将街 12 号），已成为唯一留存至今的门德尔松故居。门德尔松在这里度过了他生命中最后的两年时光，并于 1847 年在这里与世长辞。多年来，修缮完好的门德尔松故居大楼还是莱比锡大学图书馆分馆以及音乐系办公之处。故居内部还尽量保持着门德尔松及其家人居住时的模样，书桌上堆放着门德尔松的画作和书信，钢琴的琴盖打开着，琴凳抽出，微风吹过处纸张拂动，仿佛门德尔松坐在琴边，边写边唱，间或吹奏小号和长笛，间或手指在琴键上游走，又或者手里拿着乐谱在房间里走来走去，不停地打着拍子或拉低音提琴。他是在创作举世闻名的清唱剧《以利亚》，还是在为朋友的生日写一部钢琴协奏曲？或者，又在为即将到来的“下莱茵音乐节”筹划曲目？这些，我们都不得而知了。

门德尔松是浪漫主义前期的音乐家。他的音乐将诗意般的想象力和古典音乐的纯粹美感结合在一起，不仅深深地吸引着一般听众，也深深地吸引着后来的音乐家。门德尔松与莱比锡的缘分很深，甚至可以说，他人生中重要的转折点都与莱比锡有关。1821 年 10 月，12 岁的门德尔松在老师策尔特的带领下到魏玛拜访歌德，路途中他们经过莱比锡，在莱比锡的圣·托马斯教堂拜祭了音乐大师巴赫，与继巴赫以后担任领唱的约翰·戈特弗里德·契夫特进行了一番亲密的交谈。这次的经历让门德尔松对巴赫的音乐产生了浓厚的兴趣，促使后来门德尔松致力于研究与推广包括巴赫的作品在内的巴洛克音乐，发掘了大量被埋没的杰作。1835 年 8 月 10 日，26 岁的门德尔松再次来到莱比锡。这座音乐氛围浓厚的城市拥有着高雅的气质，与门德尔松的脾气秉性甚是相合。在门德尔松看来，再次来到莱比锡是迈向幸福的第一步，他打算长期在莱比锡居住和工作。门德尔松充分表明了自己与这座城市竭诚合作的决心，他辞掉了杜塞尔多夫市政府的音乐总监一职，推掉了其他工作的邀约，接受了莱比锡布商大厦管弦乐团的邀请，成了乐团总指挥。在接下来的 12 年里，门德尔松带领布商大厦管弦乐团走向了辉煌，也为管弦乐演奏确立了新的标准。门德尔松还在莱比锡创办了德国第一所音乐学院——莱比锡音乐学院，培养了很多音乐奇才，使得莱比锡的音乐传统得到发扬光大。

门德尔松对莱比锡的贡献是有目共睹的，通过辛勤的工作，他获得了这个城市的人们最诚挚的敬意和厚爱。而对于门德尔松来说，在莱比锡度过的人生中最后的这段时光，有他最幸福的回忆。

早慧的音乐家

费利克斯·门德尔松 1809 年出生在春寒料峭的德国汉堡。门德尔松的祖父摩西是著名的哲学家、思想家、美学家，被誉为“德国的苏格拉底”；父亲阿布拉汗·门德尔松是声名显赫的银行家，喜爱艺术和文学。

“在 1938 年被纳粹强迫关闭之前，门德尔松兄弟银行一直是德国银行业的佼佼者。”[①] 父亲事业的成功为门德尔松的学习、生活奠定了坚实的物质基础，使得他可以心无旁骛地投身音乐事业。门德尔松的母亲名叫莉亚，她是显赫家族的大家闺秀，才学卓著，精通多种语言，擅长钢琴弹奏，有很好的音乐修养。门德尔松的音乐天分正是来自母亲的遗传，他也从母亲那里得到了无微不至的爱和音乐的启蒙。

4 岁起，门德尔松开始接受母亲的钢琴训练。8 岁时，门德尔松已经可以移调演奏复杂的钢琴曲。9 岁时，他作为三重奏表演中的钢琴演奏者首次登台，不久后又担任钢琴独奏，独奏曲目是扬·拉迪斯拉夫·杜舍克的协奏曲《军队》。门德尔松的天赋和早慧使得亲友们惊讶不已，纷纷夸赞他是不可多得的音乐天才。父亲阿布拉汗非常关心儿子的成长，他发现学校教育可能不适合门德尔松，决定让门德尔松从小学退学，由自己为他规划全方位的古典人文主义教育，他亲自制定了学习方案并监督执行，即使出差在外也不忘以书信的形式督促门德尔松学习；他遍请名师，选中了音乐教育家、作曲家、指挥家、柏林声乐学院的院长策尔特，教导门德尔松作曲。事实证明，这一决定非常正确，策尔特成了门德尔松一生的良师益友。除了音乐之外，门德尔松的课业还包括绘画、数学、历史、地理、体操、现代和古典语言，可谓门类齐全，丰富多彩。11 岁的时候，门德尔松早早地表现出自己的创作才能，他在应接不暇的课程安排之余，创作了共计 450 行的仿英雄体诗《帕夫莱斯》用以自娱自乐。同年，门德尔松完成了自己的第一部喜歌剧作品，名为《士兵的风流韵事》，这是门德尔松为父亲 44 岁生日创作的贺礼，创作完成之后只在家里弹奏了几次。1821 年 2 月 3 日，门德尔松的父母为了庆祝门德尔松的 12 岁生日，在家附近的一座剧院举办了一场音乐会，邀请了众多亲戚和朋友出席。这部《士

① 温伯恩. 门德尔松传 [M]. 马新强，译. 长沙：湖南文艺出版社，2016：6.

门德尔松故居（德国莱比锡）

兵的风流韵事》借此机会正式呈现在众人面前，父母还特意邀请了来自王室教堂的御用管弦乐队为这部作品伴奏。在乐队成员的全力配合下，门德尔松的演出大获成功，亲朋好友为他与生俱来的音乐才华感到震惊。而后，门德尔松开始准备母亲莉亚的44岁生日礼物，那就是他的第二部喜歌剧作品《两位教师》。仅仅用了7周时间，这部作品就顺利完成了。

1821年10月，策尔特带着自己的得意门生门德尔松去见好友歌德。门德尔松早就听说过歌德的大名，年幼的他为见到《浮士德》和《少年维特之烦恼》的作者兴奋不已。门德尔松献上了自己创作的《钢琴四重奏曲》，孤傲的歌德一反常态，很喜欢这个知书达理的少年，连续两周每天要求门德尔松为他演奏。门德尔松的演奏多数是即兴的，有时是歌德最喜爱的巴赫的赋格曲，有时是贝多芬的乐曲或莫扎特的《费加罗的婚礼》。歌德原本对贝多芬及其作品嗤之以鼻，听了门德尔松的演奏后，歌德对贝多芬的印象大为改观。据旁人所言，在这两周时间里，门德尔松“对这位德国文化泰斗产生的影响并不亚于他对这个 12 岁少年的影响”[①]。年仅 12 岁的门德尔松和 72 岁高龄的诗人、小说家、思想家就此成为忘年之交。值得一提的是，正是在前往魏玛拜访歌德的途中，门德尔松第一次到访莱比锡。那时的门德尔松并没有预料到，他的名字将从此与这个城市紧密相连。

1821 年末，门德尔松从魏玛回到柏林。此时的他踌躇满志，已经初步展现出成熟作曲家的风采，他的作品总量已达到 70 多首，并且形成了古典与浪漫结合的创作风格。“在整个音乐史上，像门德尔松这样年幼时期就如此多产，或者取得这样惊人进步的作曲家也极为罕见。”[②]接下来的一年，在音乐名流荟萃的维也纳，一首构思新颖的乐曲——《第八弦乐交响曲》引起了人们的高度关注。作品的终曲部分采用了复调技巧，其精巧与成熟度令人惊叹。此作品便出自 13 岁的门德尔松，在这样的年龄完成如此难度的作品，他又一次震惊了世人。1824 年 3 月，15 岁的门德尔松完成了自己的第十三首交响曲。同年 4 月，门德尔松创作了一首女高音独唱曲《圣母颂》，以及一首单簧管和钢琴奏鸣曲。5 月，《D 大调钢琴六重奏》诞生。同年夏天，门德尔松创作了自己的第一首音乐会序曲，这是他独创的音乐体裁。

小小年纪便有如此成绩，门德尔松很快获得了“音乐神童”的称号，人们也常将他与同样被称为音乐神童的莫扎特相比较。门德尔松的父亲阿布拉汗对此很是担心：有多少孩子都有着莫扎特式的天才开端，最后却只能落得碌碌无为的结局，门德尔松会不会有同样的命运？不得不说，门德尔松是幸运的，与莫扎特那急功近利的父亲利奥波德相比，门德尔松的父亲有足够的财富和地位，因此既不需要儿子尽快赚钱补贴家用，也不需要儿子追逐名利。低调而谨慎的阿布拉汗唯一的担心是儿子能否胜任音乐事业，并终其一生，持之以恒。父亲对待事业严肃认真的态度、

---

① 温伯恩. 门德尔松传 [M]. 马新强，译. 长沙：湖南文艺出版社，2016：16.
② 温伯恩. 门德尔松传 [M]. 马新强，译. 长沙：湖南文艺出版社，2016：22.

精益求精的工作精神、谦逊和善的为人处世之道和对儿子的关怀爱护，也直接影响了门德尔松。

虽然门德尔松的艺术才能已经得到钢琴家、作曲家伊格纳茨·莫谢莱斯和从不轻易表扬人的策尔特老师的大加赞赏，但父亲阿布拉汗仍不放心。直到法国巴黎音乐学院的院长、彼时音乐界的老前辈路易吉·凯鲁比尼这个惜字如金却慧眼识英才的老头儿，认可了门德尔松非同寻常的天赋并公开极力赞誉他的音乐才能，甚至想收门德尔松为徒（被门德尔松一家婉言谢绝），这才让阿布拉汗心中的一块石头落了地。阿布拉汗是一个严格的父亲，虽然他自此以后不再反对门德尔松将音乐作为终生的事业，但也从未认可过门德尔松的成绩。直到后来（1833 年）在写给妻子的家信中，阿布拉汗才终于表露出对儿子门德尔松所取得的成就感到骄傲，并感慨这个大儿子让他们惊喜不断。彼时，24 岁的门德尔松已是享誉欧洲的大音乐家了。

多产的作曲家

1825 年深秋发生了一件对于门德尔松及其家人都有着深远影响的大事。门德尔松的父亲看中了位于柏林莱比锡大街 3 号的丽贝克宅院，并且很快就决定买下来。随后不久，门德尔松一家高高兴兴地搬进了新家。这个决定并不突然，实际上，门德尔松一家对柏林期待已久，尤其是门德尔松的姐姐范尼，她一直向往柏林的音乐氛围，羡慕门德尔松可以频繁前往柏林接受熏陶。很快，这座占地两公顷的静谧花园就成为柏林文化与艺术生活的活动中心。当时的哲学、艺术、文学巨擘们，诸如哲学家黑格尔、博物学家和地理学家亚历山大·冯·洪堡、诗人海涅、诗人和莎士比亚译者路德维希·提克、童话作家雅各布·格林、钢琴演奏大师胡梅尔、作曲家和指挥家斯蓬蒂尼、德国浪漫主义歌剧奠基人韦伯等，常常是这里的座上宾。广泛的交友让门德尔松一家每天都很忙碌，但也给门德尔松带来了丰富的创作灵感和很多工作机会。最重要的是，

故居大门

门德尔松结交了“自己一生中最重要的朋友们：演员和歌唱家爱德华·德弗里恩特、外交家卡尔·克林格曼、小提琴家费迪南德·大卫以及有争议的记者和音乐理论家阿道夫·伯恩哈德·马克思”[①]。

同年，门德尔松完成了《降E大调弦乐八重奏》。这部卓越的作品被称为他创作生涯中的第一部杰作，标志着门德尔松正式成为一名杰出的作曲家。这一乐曲热情洋溢又空灵至真，其独创性和开拓性使得该曲成为19世纪乃至欧洲古典音乐史上最出色的室内乐作品。这部作品是他献给小提琴老师爱德华·利兹的23岁生日礼物，从这部作品开始，门德尔松将以不断问世的杰作证明自己有能力和贝多芬、巴赫、莫扎特等伟大的作曲家们比肩。

《降E大调弦乐八重奏》的创作灵感来源于歌德的《浮士德》中《巴鲁普吉斯之夜》的最后几句，不过这个秘密他只告诉了自己最亲近的姐姐范尼。在门德尔松的创作过程中，范尼始终默默地支持门德尔松，并且为他提出颇多宝贵的意见。范尼本人也是一位优秀的作曲家、钢琴家，

① 温伯恩．门德尔松传[M]．马新强，译．长沙：湖南文艺出版社，2016：46.

但世人不记得范尼的名字，因为在门德尔松生活的年代，女性很难获得工作机会，也很难凭借自己的才华成名。对于范尼来说，显赫的家世不仅没有给她带来助益，反而是她音乐道路上的最大阻碍。父亲阿布拉汗不赞成范尼将音乐作为事业，在他看来，懂得音乐只是女性嫁人时的加分项。因此，范尼不得不借用门德尔松的名字发表自己创作的曲子。关于范尼还有一个有趣的故事。门德尔松曾接受英国女王的邀请，在富丽堂皇的白金汉宫表演自己精湛的钢琴演奏技艺。当门德尔松弹奏完《尹塔尔兹》这首曲子之后，女王激动地夸赞说，能创作出这首美丽的曲子足以证明门德尔松是个天才。然而，这首曲子出自范尼之手，只是署了门德尔松的名字。可贵的是，面对在场的众多社会名流，门德尔松诚恳地道出了事实，并且真诚地为姐姐范尼的作品能获得女王的赏识感到高兴。门德尔松与姐姐范尼感情甚笃，每当门德尔松创作了新的作品，他都会及时听取范尼的批评意见，对作品进行修改。他也经常写信，与范尼分享自己对周围人和事的看法。

1826年，17岁的门德尔松读了莎士比亚的《仲夏夜之梦》，剧中富有浪漫主义色彩的爱情故事和奇幻瑰丽的神话仙境使得门德尔松产生了强烈的创作冲动和丰沛的灵感。这个天才少年立刻决定要写一首轻松明快的奏鸣曲将自己的灵感展现出来，于是就有了与莎翁剧作同名的《仲夏夜之梦》序曲。这部钢琴四手联弹的杰作是音乐史上第一部浪漫主义标题性音乐会序曲，以全新的、令人兴奋的音乐形式将莎翁的喜剧精神以及门德尔松自己的感悟和思考都细腻地表达出来。《仲夏夜之梦》序曲在伦敦首演之后不久，远在纽约的人们就已把它列入音乐会的节目单之中，可见它深受听众的欢迎。柴可夫斯基甚至认为这是门德尔松成就最高的作品，因为在这部作品中，

他在此告别了心爱的乐坛

他那新奇和充满灵感的诗意表达都达到了惊人的程度。

别致的楼梯

17 年后，时任柏林宫廷乐长的门德尔松，应普鲁士国王腓特烈·威廉四世的要求，为《仲夏夜之梦》剧目在波茨坦再次上演创作配乐。门德尔松在原有的《仲夏夜之梦》序曲之外额外创作了 12 首配乐，其中就包括著名的《婚礼进行曲》。《婚礼进行曲》是门德尔松为整部戏剧最后一幕中出现的几次婚礼场景专门设计的，旋律柔美动人，给人以幸福感，因而直到今天还经常被当作背景音乐在婚礼上使用。正如评论家唐纳德·托维所言："世界上没有一首最伟大的音乐或者最伟大的诗歌能像这首《婚礼进行曲》一样，被如此频繁地使用。"[①] 伴随着辉煌的小号和迷人的、梦幻般的旋律，有人幸福欢畅，有人热泪盈眶。除了《婚礼进行曲》《仲夏夜之梦》组曲中颇有名气的还有《夜曲》，该曲安谧恬静，能够抚慰人们的心灵。

总之，《仲夏夜之梦》包括序曲和配乐共有 13 首，是门德尔松重要的代表作之一，至今仍然受到人们的喜爱。以莎士比亚的戏剧作为题材进行创作的音乐家虽然很多，但是评论家们仍然认为《仲夏夜之梦》是与莎士比亚的剧作相关的音乐中最完美的一部。

① 温伯恩．门德尔松传 [M]．马新强，译．长沙：湖南文艺出版社，2016：178.

同样回荡在人们耳边的还有一首小提琴曲，它由天赋异禀、才思敏捷的门德尔松耗时整整 6 年才完成，并由此奠定了门德尔松的大师地位。1838 年的夏天，门德尔松致信给他的好朋友——小提琴家费迪南德·大卫："来年的冬天，我将送你一首小提琴协奏曲；一首 e 小调协奏曲已经在我脑海中构思完成，一想到它的开场乐章我就久久难以平静。"① 这就是后来的《e 小调小提琴协奏曲》。然而，这部作品直到 1844 年夏天才真正完成。乐曲一开始，在弦乐轻奏的烘托下，小提琴悠然响起，带着淡淡的忧郁，柔和动听的旋律直击人心。费迪南德曾郑重承诺道："我向你保证，我会非常非常用功地练习这首曲子，直至天使们都会感到高兴为止。"他果然兑现了自己的承诺。1854 年 3 月，这首《e 小调小提琴协奏曲》由费迪南德担任小提琴主奏，在莱比锡布商大厦首演，演奏结束后观众的掌声久久不能平息。这部作品也就此名扬四海，被称为世界四大小提琴协奏曲之一。

年轻的旅行家

1829 年 4 月，门德尔松开始了为期 3 年的文化之旅，他希望借此机会增长见闻，了解自己的音乐生命应当扎根在何处。这次旅行给他带来了丰沛的创作灵感。他的足迹踏遍了欧洲各地的风景名胜，他的思绪编串起一颗颗精灵般的音符，记录下天空与大地的乐音。7 月，他和朋友卡尔·克林格曼徒步旅行到苏格兰西部大西洋中的赫布里底群岛，海水侵蚀形成的芬格尔山洞给他留下了深刻的印象，他甚至在给父亲的信中绘制了一首钢琴乐谱来表达自己对赫布里底群岛的奇特感情，这就是《赫布里底群岛》序曲的第一个主题。

3 年后，经过反复酝酿，《赫布里底群岛》序曲全部完成了，门德

---

① 沃布斯. 门德尔松 [M]. 金经言，译. 北京：人民音乐出版社，2008：150.

尔松亲自在伦敦指挥了该曲的初演。随着音乐节奏的变换，人们眼前的场景也仿佛不断变换，一会儿是海洋、岛屿、沙滩、棕榈树，一会儿又是神秘的探险之地，人们感受到的忽而是初遇未知的好奇，忽而是畅游自然的轻松欢快。全曲充满了志趣和热情，旋律或激越或舒缓，像一幅逐一展开的美丽画卷，美得令人心醉神迷。瓦格纳聆听此曲后，称赞门德尔松是“第一流的风景画家”。这首曲子正是门德尔松将绘画视角和高超的音乐技艺相结合的巅峰之作。门德尔松的传记作者沃布斯说：“如果我们拿它与当时的绘画进行比较，我们就会想到威廉·纳特风景画中那种虚幻的画面。在门德尔松的这部作品中，转调的模糊性具有纳特画作中那种不确定的朦胧意境。”① 同为作曲家的勃拉姆斯钦慕地说：“如果我能写出门德尔松这样的序曲，我情愿用全部的作品与之相抵。”虽然获得了众人的盛赞，追求完美的门德尔松对自己的作品仍不满意。经多次修改，这部作品于1835年才公开发表，成为今天我们看到的样子。

《赫布里底群岛》序曲在描述性音乐上做出了大胆的尝试：“这种描写海鸥飞翔、浪花拍岸、海风回荡等自然景观的标题音乐，成为日后李斯特交响诗的先驱。”② 作为一位积极创新的作曲家，门德尔松开创了另一种音乐表现形式，那就是“无词歌”。无词歌不是没有词的歌曲，而是清丽简洁的钢琴小品。因为曲调歌唱性强，浪漫主义色彩浓厚，音域大多接近人声，所以就像让钢琴唱起了歌一样。无词歌没有庞大繁复的配器、复杂多变的曲式，却明澈如清泉，直抵人心，丰富如海洋，暗含玄机。这非常契合门德尔松的艺术审美观念，在他看来，衡量伟大艺术的一条必不可少的标准恰恰就是诗意。他反对冷酷的炫技，反对乐曲中的浮华装饰，这大概也是无词歌的创作缘由之一。

《威尼斯船歌》是门德尔松最广为人知的无词歌，共计3首，分别

---

① 沃布斯．门德尔松[M]．金经言，译．北京：人民音乐出版社，2008：144．

② 邵义强，许钟荣．浪漫派的先驱[M]．石家庄：河北教育出版社，2004：219．

故居内陈设

是门德尔松钢琴曲无词歌第一集中第六首、第二集中第六首和第五集中第五首。1830年，门德尔松曾到意大利旅行，这3首《威尼斯船歌》表现了他对水上之都的迷恋。细细听来，眼前便会浮现粼粼的波光、摇曳的孤浆、散碎的夕阳和忧郁的船影。无词歌中令人耳熟能详的还有《春之歌》。在音符欢快跳跃中，春天就像一个天真的孩童，她举手投足变幻出蓝天、流云、青草、繁花，还有淙淙的溪水、悦耳的鸟鸣。《春之歌》出版后，他将该曲题献给了著名女钢琴家克拉拉·舒曼，此后《春之歌》成为克拉拉演奏中备受欢迎的曲目，经常被要求反复演奏。

门德尔松在短暂而繁忙的一生中一共出版了8集无词歌（生前出版了6集，每集6首，去世后出版了2集），这些都是经过精雕细琢的艺术价值极高的作品，虽短小却精妙。这些作品对没有受过专业音乐训练的受众来说也非常容易接受，他们无须忍受大型作品的复杂冗长和乐理的艰深，就能享受悠扬旋律所带来的无与伦比的美妙体验。

现今，在门德尔松的故居莱比锡国王大街3号，每个星期天的上午都会举办音乐会。旅行到此，一定要听一听门德尔松最为著名的《苏格兰交响曲》和《意大利交响曲》。音乐要表现的内容已经由题目给出了充分的说明，这两部作品分别描绘了明媚秀丽的苏格兰风光和淳朴热闹的意大利风情，都洋溢着甜美浪漫的抒情气氛。如果在莱比锡国王大街3号无缘听到，没关系，这两部作品至今仍是世界各地音乐厅的经典曲目之一，只需走进世界任何一地的古典音乐会就能听到。

巴赫的复兴者

距离门德尔松故居不远的地方有一座精致的白色建筑，那就是圣·托马斯教堂，这是巴赫工作了27年的地方。教堂门口竖立着巴赫的雕像，每年6月11日至20日会定期举办巴赫音乐节。喜爱巴赫的音乐是如此理所当然的事情，甚至有人说，作为一位音乐爱好者，不听巴赫的音乐就错过了整个巴洛克时代。但是，在1829年门德尔松那一场划时代的演出之前，巴赫一直处于默默无闻的尴尬境地。

巴赫是一名出色的宫廷乐师，因为过分偏爱音乐的形式和结构，被包括亲生儿子在内的年轻人认为是古板过气的音乐家。巴赫的大部分作品从未正式发表，他的手稿也被儿子们搞得七零八落，四处流散。音乐

故居书房

大师贝多芬、莫扎特也和门德尔松一样偏爱巴赫，虽然仍有音乐家推崇和演奏他的器乐曲，但是巴赫优美的合唱曲目却日渐淡出人们的视线，巴赫的名字也逐渐被公众们淡忘了。

门德尔松对此深感遗憾，一直致力于宣传巴赫的作品。1829 年 3 月 11 日，门德尔松在柏林声乐学院的音乐厅指挥《马太受难曲》的公演，演出大获成功。自从巴赫去世，这部作品已经蒙尘近 80 年，如今在门德尔松精准完美的诠释下，如沧海遗珠，荡涤了岁月的封尘，重现惊艳的光彩。门德尔松“凭着他对于乐曲透彻的诠释与指挥才能，使听众领悟到巴赫的卓越伟大”①。自此，巴赫的作品重新回到人们的视线中，巴赫也被奉为“音乐之父”。

门德尔松和巴赫的缘分从他第一次踏上莱比锡的土地就早已注定。约翰・戈特弗里德・契夫特是巴赫的接替者，在圣・托马斯教堂担任领唱。1821 年，在看望歌德的途中，门德尔松在莱比锡圣・托马斯教堂拜祭了巴赫，并为约翰・戈特弗里德・契夫特演奏了自己创作的 g 小调奏鸣曲，这在年幼的门德尔松心中种下了崇敬巴赫的种子。更为深远的影响则来自门德尔松的老师策尔特，策尔特曾受教于巴赫的弟子约翰・菲利普・基恩贝尔格，是当时少有的几个对巴赫的合唱作品入迷的音乐家之一。在策尔特的悉心教导下，门德尔松接受了系统训练，“巴赫的作品就是他每天的食粮”②；在策尔特的影响下，门德尔松“也开始推崇巴洛克风格的复调音乐，并且逐渐形成了严肃率真的个人风格”③。

策尔特曾经向他的学生们展示过自己收藏的巴赫曲谱，其中最为珍贵的要数《马太受难曲》。关于这曲谱的来历，有一种说法是策尔特无意之间发现奶酪店老板用《马太受难曲》的曲谱来包装奶酪，于是买下曲谱并收藏了起来。策尔特非常看重这份来之不易的曲谱，一众学生都

① 邵义强，许钟荣. 浪漫派的先驱[M]. 石家庄：河北教育出版社，2004：229.
② 沃布斯. 门德尔松[M]. 金经言，译. 北京：人民音乐出版社，2008：27.
③ 温伯恩. 门德尔松传[M]. 马新强，译. 长沙：湖南文艺出版社，2016：13.

不得靠近它，即使是最心爱的学生门德尔松亦不能拿来一观。这就使得热衷于创造美、发现美、欣赏美的门德尔松心向往之，而且念念不忘。

好在这一心愿很快就得到了实现。机缘巧合，门德尔松的祖母从巴赫的自传中间接得到了《马太受难曲》的手抄副本，并在门德尔松 15 岁生日的时候，作为生日礼物送给了他。门德尔松欣喜若狂，忍不住时时刻刻捧在手里，研习如何演奏、演唱，并且很快就指挥自己的几个同道好友在柏林声乐学院排演了部分章节。这部作品需要双合唱团共同演唱，还要由两个管弦乐队协作伴奏。门德尔松的恩师策尔特也曾有心演绎这部作品，但最终知难而退。门德尔松和他的朋友们凭着一股初生牛犊不怕虎的劲儿，饶有兴趣地开始排练，并且早早地预定了柏林声乐学院的音乐厅作为演出地点。两个月之后，门德尔松站在音乐厅中央指挥《马太受难曲》的彩排，一切都出乎意料地顺利。1829 年 3 月 11 日，门德尔松将指挥《马太受难曲》的正式演出的消息一出，“门票在短短数分钟内被一抢而空，还有 1000 多名观众因为买不到票只能徘徊在音乐厅的门外”①。音乐厅盛况空前，现场的观众欢呼雀跃。门德尔松的姐姐范尼作为女低音歌唱家参加了这场演出，她在事后回忆时这样描绘当时的情景：“在一阵悠远的寂静中音乐缓缓响起，让人感到身处教堂而不是音乐厅。”②这场音乐盛会得到了社会各界的重视，“除了普鲁士整个宫廷，像施莱厄马赫、黑格尔、海涅和德罗伊森等社会名流也都观看了演出”③。这场演出还有一个更加圆满的结局，那就是演出的收入全部用于公益事业。

见证了这一盛况的策尔特立刻写信给远在魏玛的歌德。在这封信中，策尔特难以抑制自己的激动，为弟子感到骄傲。歌德的回信充满诗意，他说他好像从远方听到了大海的回声。歌德已经预感到，通过这场演出，

① 温伯恩. 门德尔松传 [M]. 马新强，译. 长沙：湖南文艺出版社，2016：68.
② 温伯恩. 门德尔松传 [M]. 马新强，译. 长沙：湖南文艺出版社，2016：68.
③ 沃布斯. 门德尔松 [M]. 金经言，译. 北京：人民音乐出版社，2008：29.

故居展室

巴赫音乐将全面复兴，即使说这场演出翻开了崭新的历史篇章也不为过。

巴赫是巴洛克音乐的集大成者，门德尔松对巴赫音乐的推崇很快掀起了研究巴洛克音乐的热潮。然而，门德尔松并未止步于此。1833 年，门德尔松接任第十五届“下莱茵音乐节”总指挥，出于对古典音乐真挚的热爱，他开始尽力恢复巴洛克时期作品的原貌，并且将成果呈现在众人的眼前。在不少人看来，巴洛克时期的作品早已过时。为了迁就现代音响所引领的时尚潮流，这些作品总是遭到大肆删改，这正是门德尔松最为忧心的事情。亨德尔是巴洛克时期伟大的作曲家，门德尔松希望将亨德尔的清唱剧《以色列人在埃及》从这种粗暴对待中解救出来，让人们听到美妙动人又原汁原味的音乐。1836 年 9 月，门德尔松在保罗纳教堂的演出中，用管风琴通奏代替了之前改编过程中添加的管乐，从而真实地再现了这一清唱剧。演出获得了人们的喜爱，他也再一次为复兴巴洛克音乐做出了巨大的贡献。

卓越的指挥家

走出门德尔松故居，顺着悠扬的乐声向前，就能看到新的布商大厦音乐厅，如果想寻找门德尔松工作过的地方，那就要绕过如今的莱比锡大学，寻找它的原址。莱比锡有崇尚音乐的传统，据《莱比锡城市史》记载：在莱比锡人的爱好和热门专业中，音乐排在第一位，“因为即使一个人白天的工作十分繁忙杂乱，音乐仍然是他还能进行的一种艺术活动。莱比锡人就是这样对待真正的音乐的，几乎每一个家庭，都至少有一件乐器，哪怕是一把令人钟爱的吉他”①。1743 年，16 位棉布商店老板认为，在每天工作之余，音乐可以弥补精神的空虚，于是协商决定每人赞助一位音乐家，组成 16 人的乐团，从而丰富和滋养整个城市里人们因工作而日渐干涸的心灵。这支不起眼的小乐团就是世界上最古老的民间管弦乐团，在建立之后的一百多年里，几位出色的指挥家为它付出了不懈的努力。由此，它日渐壮大，成了今天名震四海的专业乐团。这几位出色的指挥家中就有门德尔松。

1835 年 8 月 30 日，26 岁的门德尔松接过莱比锡政府伸出的橄榄枝，欣然受任布商大厦音乐厅的总指挥一职。这是门德尔松第二次来到莱比锡。门德尔松的到来获得了观众们近乎疯狂的热情欢迎。更加幸运的是，乐团成员们才华卓著却不骄不躁，他们竭尽所能领会乐句，按照指挥的严格要求倾力演奏，其认真程度令门德尔松大为感动。莱比锡的一切激发出门德尔松前所未有的工作激情，在任期间，他倾注了大量的心血训练乐手、搜寻不为人知的曲谱、举办音乐会，甚至还要劳神费力处理各种琐事。门德尔松的努力是有回报的，他与乐团成员们互相信任，他们默契地合作创造了许多场经典演出，其中就包括贝多芬的《第九交响曲》

① 沃布斯. 门德尔松 [M]. 金经言，译. 北京：人民音乐出版社，2008：76.

的再次演绎。这一作品曾经是不少乐团的噩梦，在门德尔松的指挥之下却得到了观众的好评。

作为一个出众的音乐家，门德尔松周围的人、各地政府官员总是对他抱有很高的期待，以至于他的工作邀约接连不断。虽然他希望自己能全身心地投入到莱比锡的工作中去，但现实却不允许他放松对自己的要求。门德尔松不善拒绝，他不得不在伯明翰、莱比锡、杜塞尔多夫等地来回奔波。1836 年 5 月初，在前往杜塞尔多夫担任“下莱茵河音乐节”指挥的途中，他曾在法兰克福短暂停留。就在这里，他遇到了一生中的挚爱，那就是他后来的妻子塞西尔。18 岁的塞西尔出身于法国胡格诺教派家庭，在唱歌和绘画方面都造诣颇高，所以与门德尔松有很多共同话题。门德尔松深深地为塞西尔着迷，他创作了一首两声部的钢琴曲送给塞西尔作为圣诞节礼物。这首钢琴曲后来被收录在门德尔松的《无词歌》作品集中，题为《威尼斯船歌》（这首曲子是门德尔松三首《威尼斯船歌》中的其中一首）。

故居走廊

1836 年 12 月，门德尔松和塞西尔对外公布了他们的喜讯，三个月后，他们的婚礼在法国归正教会顺利举行。他们婚后生活幸福美满，而且很快塞西尔就怀上了他们的第一个孩子。1837 年 9 月，门德尔松结束了在伯明翰的兼职，匆匆前往法兰克福，迫不及待地去见他思念已久的妻子。10 月 1 日，门德尔松带着塞西尔前往莱比锡，开始他在莱比锡任期内第三年的工作。塞西尔终于有机会见识到丈夫门德尔松在莱比锡受欢迎的程度。他们在莱比锡找了一所住处，开始了一段幸福充实的生活。在这之后，门德尔松的工作逐渐增多，经常去往其他城市，但总会赶在莱比锡布商大厦音乐厅的演出季开始之前回来，为指挥工作做充分的准备。

门德尔松是一个卓越的指挥家，他不仅技术高超，富有人格魅力，而且善于创新。宏大的音乐作品往往需要多种乐器的配合，因此在展示的过程中需要几十甚至上百个人进行协作。从对作品的认知、思考、理解再到演绎和准确诠释，需要有一个人统筹兼顾，带领上百人、上百件乐器，同心协力完成作品在演出过程中的再创作。这个人就是总指挥，他是乐团的灵魂、音乐语言的诠释者、听众的领路人。对于听惯现代音乐会的我们来说，提到指挥家便能立刻想起卡拉扬、小泽征尔等人一手拿指挥棒，一手虚握，激情洋溢地指挥全团的背影。于是，我们很容易将指挥者站在乐团前面当成习以为常的事情，全然忘记门德尔松的开创之功。

在门德尔松之前，纯器乐演出历来由首席小提琴引导而出，指挥者仅仅扮演打拍子的角色。正是在莱比锡的工作，让勤奋认真又锐意创新的门德尔松有机会尝试站在乐队的面前，用肢体动作和面部表情表达他对音乐艺术的阐释。在他看来，这样有利于指挥者与演奏者的交流与互动，对诠释作品的细微之处有颇多裨益。为了让演奏者们能清楚地看见指挥者的手势，门德尔松绞尽脑汁。有一天门德尔松偶然拿起一根鲸鱼骨头，仔细端详之后用手边的白色皮革将鱼骨头包裹住，光滑洁白的鱼骨立刻就成为绝佳的辅助工具，这就是指挥棒的由来。门德尔松这一了不起的发明破解了指挥艺术的一大难题，他本人也凭借独特的音乐风格和极具感染力的个人魅力成为现代指挥家的典范。

学院的创始人

在莱比锡这座音乐之都里，连空气里都飘动着音符。这里有一所培育音乐人才的学府，那就是莱比锡音乐学院。它紧邻布商大厦音乐厅原址，是门德尔松与这座城市的另一个不解之缘。

门德尔松极负盛名的时期，德国正处在各自为政的割据状态，分裂为普鲁士、萨克森、巴伐利亚等几个小国。因为他的才华和音乐成就，门德尔松成了各国皇室争抢的对象。1840 年 6 月底，普鲁士国王腓特烈·威廉四世为了增强整个国家的文化氛围，邀请门德尔松前往柏林。门德尔松知道腓特烈·威廉四世优柔寡断，自己与他性格不合，工作开展起来将会困难重重。然而，门德尔松性情温和，不善拒绝，加之在家族的影响下，他早已将辛勤工作视为自己的责任。于是，1841 年 6 月底，门德尔松还是接受了普鲁士皇室的任命，成为普鲁士皇室乐长。没过多久，门德尔松不出所料地发现普鲁士皇室有严重的官僚作风，工作效率极低。原本威廉四世有一个极其吸引门德尔松的计划，那就是建立一所音乐学院，由门德尔松担任院长。然而，到具体实施时却一拖再拖，不见下文，门德尔松不得不放弃与普鲁士皇室的合作。他打算回到莱比锡建立一所音乐学院，来报答这个城市对自己的知遇之恩。1843 年，宽厚的萨克森国王腓特烈·奥古斯特二世帮助门德尔松实现了这一愿望。一位好心的律师捐出自己遗产中的 2 万泰勒，奥古斯特二世欣然为这笔遗产做了担保，并且对门德尔松在莱比锡建校一事给予了大力支持。

故居雕塑

门德尔松的社交圈中有很多艺术家及社会名流，在他的感召及影响之下，他们慷慨解囊，莱比锡音乐学院很快落成，德国的第一所音乐学院就这

故居雕塑

样诞生了。门德尔松担任院长，同时也负责很多教学工作。本来门德尔松认为自己性格活泼，并不适合严肃认真的音乐教学和理论研究工作，但他太喜欢这些爱音乐的孩子们，忍不住披挂上阵，亲自教授孩子们他最为擅长的钢琴、合奏和作曲等课程。门德尔松显然低估了自己的教学能力，据后来接任布商大厦音乐厅乐长的莱内克说："只需15分钟，就能从门德尔松那里获得终身受用的人生启示和音乐智慧。"首届学生之一约瑟夫·威廉·冯·瓦西莱夫斯基也曾提到门德尔松的教学很有自己的风格，他有一个快速教学的技巧，那就是使用精准的概括能力，简明、扼要、清晰地列举出所有要点。门德尔松还想方设法说服自己身边的音乐大师加入师资队伍："舒曼教授钢琴和作曲，他的好友大卫教授小提琴，卡尔·斐迪南·贝克尔教授管风琴，莫里兹·豪普特曼教授理论和对位法……他们以训练技巧的练习曲教导学生，培养出许多优秀的年轻作曲家。"①

作为音乐家，门德尔松要求自己对工作要长期葆有足够的热情，如此才能不辜负自己的音乐才华；作为教育工作者，门德尔松认真严谨，虽然他本性最不喜欢冗杂烦琐的行政事务，但对于学校让人头疼的日常工作（诸如起草学生学习报告），他依旧一丝不苟，从不懈怠或假他人之手。并且，只要是对学生有利益的好事，他总是不遗余力地争取。这份对学生的爱护之心，深深感动了莱比锡音乐学院的师生们最柔软的内心。

① 邵义强，许钟荣. 浪漫派的先驱[M]. 石家庄：河北教育出版社，2004：206.

故居外景

门德尔松非常惜才，作为天才中的佼佼者，这一点尤其难能可贵。1844 年，他受英国爱乐乐团之邀，担任乐团一系列音乐会的指挥时，就曾极力向乐团推荐小提琴天才约瑟夫·约阿希姆。这位年仅 13 岁的小提琴手，在莱比锡时就曾得到门德尔松的赏识。天赋异禀加之训练有素，使得他的演奏技艺出神入化。慧眼识英才的门德尔松最终说服爱乐乐团，破例让约瑟夫·约阿希姆有机会展现自己超越年龄的成熟技艺。经此历练，约瑟夫·约阿希姆最终成长为 19 世纪后半叶德国小提琴学派的领袖人物。门德尔松的行为影响和带动了学校的教育理念和发展进程。历时一百多年，这座古老的音乐学院至今仍享有盛誉，是倾心音乐的莘莘学子向往的高等学府。

身后的毁与誉

1847 年 11 月，在德国莱比锡这座音乐小镇上，冬天来得比往年更早一些。街头寒风瑟瑟，鲜有行人驻足。然而，在国王大街 3 号门前，有一群人默默地伫立着。自从门德尔松患病的消息传出，大量的民众开始自发聚集在这里，他们期待着门德尔松重新拿起那根充满魔力的指挥棒，从容不迫又饱含激情地指挥乐队，再创辉煌；他们希望门德尔松康复之后，还可以像从前一样，端坐在琴凳上，指尖流泻出清泉般的乐音，抚慰他们焦躁的心灵。

11 月 4 日，他们的祈求落空了，门德尔松太累了，他还年轻的脉搏再也没有跳动起来，他永远地休息了。26 年前，门德尔松第一次到访这个城市时，还是一个优雅俊朗、意气风发的翩翩少年；如今他才 38 岁，却容颜苍老，神色间尽显疲态。门德尔松去世的消息一经传出，成百上千的爱戴者聚集在他寓所外的街道上，默哀，啜泣，感谢这位伟大的作曲家、指挥家、钢琴家把美好的年华献给音乐。

有一种说法是门德尔松的早逝与姐姐范尼的离世有密切的关系。1847 年 5 月 14 日，范尼在进行《第一个沃布尔加之夜》的排练时忽然中风，没过几个小时就离世了。门德尔松听闻这一噩耗，顿时悲痛欲绝。姐姐范尼是门德尔松一生的精神支柱，门德尔松始终没有从这一巨大打击之中走出来，长时间郁郁寡欢，不久也去世了。实际上，多年的操劳早已让门德尔松的身体不堪重负，姐姐范尼的溘然长逝恐怕只是“压倒骆驼的最后一根稻草”。

门德尔松的早逝让他的朋友们哀痛不已。门德尔松性格谦和，行事光明磊落又富有爱心，而且博学多才，不假思索便能出口成章，这样的人物，无论走到哪里，都是人群的焦点，是人们争相结交的对象。门德尔松在莱比锡结交了不少志同道合的朋友，其中就包括著名作曲家、音乐评论家舒曼。

舒曼自小热爱钢琴和音乐，但因母亲的强烈要求，不得不在莱比锡大学修读一窍不通的法律专业。然而，对挚爱的音乐他岂能说舍弃就舍弃，几经周折之后还是弃法从乐。舒曼自创了一种非同寻常的钢琴练习方式，因此伤到手，不能继续弹奏，于是转而从事作曲和音乐评论。命运多舛的舒曼在乐队排练场上结识了门德尔松，迅速为门德尔松平和稳健的性格所吸引。舒曼对门德尔松可谓推崇备至，在他眼里，门德尔松是当时“第一号的音乐家”，也是最为透彻地洞察当时的各种矛盾，并最早调解这些矛盾的最为敏锐的音乐家。在门德尔松创建莱比锡音乐学院的过程中，舒曼鼎力相助，为此奔走劳碌，并且领头担任重要的教学工作，这才使得如此艰巨的工程能够顺利完成。

舒曼的妻子克拉拉是一位技艺高超的钢琴演奏家，1840 年，她不顾家庭反对毅然嫁给了舒曼。克拉拉 12 岁时就与门德尔松相识，也是门德尔松在莱比锡最重要的朋友之一。上文提到的那首无词歌《春之歌》正是门德尔松为克拉拉量身打造的，克拉拉非常喜欢，经常在演奏会上表演这首曲子。舒曼与克拉拉的故居离门德尔松的故居不远，只需步行 10 多分钟即可抵达。走在这条街道上，游人们会禁不住感慨，他们都已逝去，珍贵的情感却不会被历史湮没，反而焕发出璀璨的光彩。

与舒曼夫妇截然相反，浪漫主义作曲家理查德 · 瓦格纳对门德尔松不以为然，甚至频出恶语，这固然与他们的音乐追求不同有关，更多还是瓦格纳的私心作祟。1843 年 4 月，门德尔松在德累斯顿指挥乐团，完成他经典的清唱剧《圣保罗》的公演，其间与瓦格纳有数次谋面。此后，瓦格纳公开宣称门德尔松的指挥完美地展现了一部代表艺术巅峰的作品，又在给门德尔松的信中说 :“我为有你这样的同胞以及你创作的《圣保罗》感到自豪。”然而，在私下与妹妹的谈话中，瓦格纳却说每个人都对瓦格纳的作品赞赏有加，而门德尔松的作品则遭到无情的批驳。对此，瓦格纳沾沾自喜。时隔不久，瓦格纳彻底和门德尔松撕破脸面。在民族主义的驱使下，身为纯正日耳曼民族的瓦格纳滋生出强烈的自豪感，与犹太人门德尔松反目。他将自己在布商大厦音乐厅演出《汤豪舍》序曲的失败，归咎于门德尔松对其指挥的批评。这是门德尔松唯一一次批评瓦格纳，其实他的批评是非常中肯的。门德尔松去世 4 年后，瓦格纳仍然怀恨在心，匿名发表了《音乐中的犹太主义》一文，意在抨击门德尔松的音乐作品。80 多年以后，横行一时的纳粹，以这篇文章为依据，全面禁演门德尔松的作品。

门德尔松是幸运的，他不必亲眼看到这一切的发生。实际上，他是

故居前的小花圃

少有的在世时就被人们极力追捧的音乐家。19 世纪的爱乐者非常喜爱门德尔松，尤其是在英国，整个不列颠乐派都受到门德尔松的影响。到了 20 世纪，“许多音乐评论家攻击门德尔松的作品太规则化，缺乏原创性与冒险性；音乐理念太单纯，缺乏精神内涵的深度，根本毫无品味可言”[①]。1936 年 11 月，莱比锡布商大厦音乐厅前的门德尔松雕像在“夜雾行动”中被纳粹分子推倒，标志着门德尔松的辉煌告一段落。“对于这一卑鄙做法，此时恰好应邀在莱比锡巡回演出的伦敦爱乐乐团，在以后的几天里，由比彻姆爵士带领，上街进行游行演出，以示抗议。”[②]这些坚强的人们，在门德尔松艺术生命力最为脆弱的时刻，仍然维护着

① 邵义强，许钟荣．浪漫派的先驱 [M]．石家庄：河北教育出版社，2004：231-232.
② 沃布斯．门德尔松 [M]．金经言，译．北京：人民音乐出版社，2008：3.

门德尔松的声誉。

纳粹倒台之后，门德尔松的作品得以重见天日，门德尔松的声誉也逐渐恢复。门德尔松被称为古典形式与浪漫精神相结合的音乐大师，他的作品温柔和煦、美好悦耳、形式完整，让人有极强的幸福感。1993 年 3 月，由雕塑家雅斯特拉姆重塑的门德尔松全身像再次伫立在莱比锡，接受人们对这位伟大艺术家的缅怀和敬仰。

至今，门德尔松已经故去近两百年了。才华横溢的门德尔松去世时仅有 38 岁，却留下了近一千首作品——这是一个非常惊人的数字。在门德尔松短暂丰富又跌宕起伏的一生中，约有 26 年与莱比锡相交叠，莱比锡也成为门德尔松最后生活过的地方。这个城市参与并见证了一幕幕人生戏剧，一个个过往之人，一场场与门德尔松的交集，在时间的卷轴中遗落下耐人寻味的一个个故事，以及留待后人评说的是与非。正如舒曼所说，门德尔松是“在教堂里被美惠三女神安排有一席之地的第一人”。门德尔松这位音乐的践行者、探险者、创造者，虽已远去，但他的音乐一如他不朽的高贵灵魂，滋养着莱比锡，滋养着德国，也滋养着世界各地爱乐者的心灵。

（撰稿：吴昱苇）

参考文献

高宏宇 . 古典音乐欣赏（欧洲部分）[M]. 北京：中国林业出版社，2014.

高中甫 . 乐海遗珠：音乐家的趣闻轶事 [M]. 北京：北京师范大学出版社，2016.

景作人 . 艺术之约：肖邦 [M]. 太原：山西教育出版社，2015.

李杰 . 犹太人的文明 [M]. 北京：新世界出版社，2015.

邵义强，许钟荣 . 浪漫派的先驱 [M]. 石家庄：河北教育出版社，2004.

沃布斯 . 门德尔松 [M]. 金经言，译 . 北京：人民音乐出版社，2008.

温伯恩 . 门德尔松传 [M]. 马新强，译 . 长沙：湖南文艺出版社，2016.

辛丰年 . 请赴音乐的盛宴 [M]. 济南：山东画报出版社，2016.

肖　邦

在波兰华沙的热拉佐瓦·沃拉村，有一处不起眼的小村舍，这里就是肖邦诞生的地方。美丽的乌特拉塔河流淌于热拉佐瓦·沃拉村间，与广阔而碧绿的牧场和宏伟屹立的勃罗霍夫教堂共同构成了肖邦幼年记忆里最美的风景。

这座可爱的小村庄是当时普法战争中华沙为数不多的世外桃源之一，但也只能给村民们带来片刻的安宁——由于距离大城市华沙只有45公里，在当时战乱不断的环境下，小村子成了军事交通要道，源源不断的法国兵、普鲁士兵、逃难的平民百姓都从这里路过或是在此停留。肖邦一家总是生活在不安与恐惧中。

尽管热拉佐瓦·沃拉村是肖邦的出生地，但因战乱频频，肖邦只在这里生活了一年半，所以这个地方对肖邦成长的影响十分有限，其日后关于乡村生活的记忆，实际上大多数都来源于另一个地方——库亚维亚。库亚维亚是肖邦母亲的家乡，肖邦童年时代的假期多数在这里度过，那些传统的库亚维亚舞曲、美妙的波兰民谣，才真正深深地影响了少年肖邦的音乐。

巴黎是法兰西共和国的首都，也是世界五大城市之一，作为魅力之都，它具有深厚的历史底蕴，美丽而繁华，是历代文人名士向往的地方。肖邦也不例外。从 20 岁开始，肖邦在巴黎生活了 19 年。在这里与肖邦有关的故地有十多处。

普瓦松涅赫大道 27 号是肖邦在巴黎的第一处住所，至今大门顶端还挂着一块铁牌，上书“1831~1832 年肖邦曾居住于此”。肖邦是这样描述他闯荡巴黎伊始居住的第一所房子的：“你不会相信这间公寓有多迷人，有漂亮的红木家具，阳台面向林荫大道，从蒙马特到先贤祠，巴黎最美丽的景色尽收眼底。”1830 年，肖邦带着朋友们赠送的波兰泥土离开华沙，没想到这一走就再未相见，唯有这所美丽的公寓带给了独在异乡的他极大的慰藉。

贝尔热城街 4 号是肖邦在巴黎的第二处住所，这里街道宽阔，离肖邦喜欢的巴黎歌剧院很近，对体弱多病的肖邦来说，在这里生活十分方便。这一时期他与巴尔扎克等人交好，常常与李斯特、席勒等人一起彻夜弹琴。尽管肖邦也很喜爱听歌剧，但他还是最热衷于钢琴曲的创作——根据歌剧带给他的灵感，深入挖掘钢琴曲的无限潜能。肖邦身处于一个人才辈出的特殊时代，舒曼、李斯特、瓦格纳、斯洛瓦茨基、克拉辛斯基等人的思想深深地影响了肖邦的人生观念和处世方式。

昂丹河堤路 5 号是肖邦在巴黎的第三处住所。昂丹河堤路是巴黎最繁华的富人区，肖邦作为上流社会的一员，与金融界、文艺界的巨擘们住在同一个区。

随着肖邦在艺术领域越来越成功，取得的成就越来越大，他换了一所更为豪华的公寓——同一条街的 38 号，但是未婚妻玛丽亚·沃德金斯卡却因为他疾病缠身、收入不稳定而与之分手。1836 年，肖邦结识了乔治·桑，后来他们便生活在一起。1841 年秋，肖邦和乔治·桑搬到皮盖勒街 16 号，在这里一边举办沙龙招待文化名人，一边给学生们上钢琴课。如今，这所故居干净而静谧，门牌上写着“乔治·桑和肖邦曾居住于此”。

1842 年到 1849 年，肖邦一家又搬到了奥尔良广场路，与许多艺术家如加里克布朗尼、皮埃尔、查理·隆丹等住在一起，这里逐渐成为一个艺术氛围浓郁的文化片区。为了疗养身体，肖邦又搬到了夏佑街74号。肖邦当时所住的夏悠宫如今已成为新剧场，这里环境优雅，风景优美，但是肖邦故居的文物曾遭法西斯军队洗劫而被大量破坏，后经多次拯救，部分文物得以修复。

从肖邦不断搬家的行为中可以看出，他是一个对生活质量要求很高的人，也是一个不够稳定、心灵无处安放的旅人。那么肖邦是如何形成这样的性格的呢？下面就从他童年时代的经历讲起，带领读者们深入了解这位伟大音乐家的成长之路。

少年出名

1772年以后，波兰的地方工业逐渐兴起，国王斯坦尼斯劳斯鼓励文艺创作，并且提出了《宪法》的修正条款，波兰社会的方方面面都在不断地改革。新宪法刚刚生效之际，波兰的三个主要敌国就和俄国宫廷进行了秘密谈判，诱劝俄国向斯坦尼斯劳斯递交了正式宣战书。波兰人屡战屡败，被迫割地求和。于是，波兰兴起了一场轰轰烈烈的爱国运动，反战情绪像野火一样迅速燃遍全国。在这样的大环境下，1810年3月，肖邦诞生了。

儿时的肖邦家里并不富裕，一家人住在三间庄园宅邸里，但是过得满足自在。父亲尼古拉·肖邦是法国人，在华沙中学任法语和法国文学课的教师，深受学生们的爱戴。他在学生们眼中就像一位严厉的父亲，十分威严和庄重。他很努力地工作，为幼年的肖邦提供了安稳的生活和优渥的教育条件，培养了小肖邦出色的学习能力，为他能够施展音乐才华搭建了最初的平台。

肖邦的母亲尤斯蒂娜夫人是波兰人，也是一位出色的家庭主妇，她总是将家里收拾得井井有条，将孩子们安顿得妥妥帖帖。父亲尼古拉·肖邦负责给孩子们教授法语和波兰语两种语言，而母亲尤斯

肖邦故居（波兰华沙热拉佐瓦·沃拉村）

蒂娜喜欢音乐，积极培养肖邦兄弟姐妹多方面的兴趣与特长。父母的恩爱亲密给小肖邦他们树立了良好的榜样，也营造了一种和谐的家庭氛围，因此，肖邦兄妹四人得以自由自在地发展自己的兴趣爱好。肖邦和姐妹们从小就喜欢参加唱歌、朗诵、作诗、猜谜等高雅的活动：路易莎和伊莎贝尔爱好短篇小说，艾米丽爱好诗歌，肖邦更喜欢音乐，也喜欢从其他爱好中汲取创作灵感。

肖邦从小就显露出他的音乐才华，咿呀学语时他便对母亲弹琴发出的声音非常敏感。刚能爬上琴凳时，他已经能和姐姐路易莎一起弹二重奏了。肖邦自小温文尔雅、体弱多病、想象力丰富，是个早熟的天才。6 岁时跟随当时知名的音乐家阿尔伯特·茨威尼学习弹钢琴，7 岁已经写出第一首波洛涅兹舞曲。肖邦手指灵活，协调性极好，在茨威尼的带领下学习了海顿、莫扎特、贝多芬、巴赫等名家的作品。

当时正是浪漫主义艺术在欧洲的全盛时期，华沙是一座崇尚音乐的艺术之城，这里的人们以听音乐会、弹钢琴、吹长笛等音乐活动为日常消遣，肖邦也不例外。少年时代的肖邦深受通俗歌曲、钢琴曲等音乐的熏陶，这些阳春白雪与下里巴人的音乐都成为日后肖邦创作时源源不断的灵感来源，也将肖邦培养成一个地道的波兰青年，让他拥有浓浓的爱国主义情怀。

与生俱来的音乐天赋使得肖邦很快就从一群从事音乐事业的人中脱颖而出。父母也大力支持儿子的音乐梦想，为儿子购置了华沙最好的钢琴厂制造的大三角钢琴，以充分展现他的音乐才华。当肖邦的才华被自己的老师茨威尼发掘并四处宣扬时，这个 8 岁的孩子逐渐开始在上流社会崭露头角。当时的社会深受爱国情绪的推动，一经发现肖邦是一位出色的波兰籍音乐家，便将其迅速宣传出去。上流社会的阔太太们争先恐后地邀请肖邦来自己的家庭聚会上演奏，肖邦从此名声大噪。《华沙论坛报》对此热情赞扬道："他能轻松自如，恰到好处地演奏最复杂的钢琴作品，而且还创作了多首舞曲和变奏曲。"由此肖邦被誉为"第二个莫扎特"。

伴随着肖邦在音乐上的杰出表现，他们一家的名气也越来越大，与华沙大学的校长以及当时许多知名学者、作家住在同一所豪华美丽的大庭院里，整日宾客满堂。在这样的环境中成长的肖邦，却谦逊而自知。他不仅没有因为自己大受欢迎而骄傲自满，反而更加努力地学习自己深爱的音乐。他曾对父亲这样写道："亲爱的爸爸，我觉得用音乐比用笔更能表达我的感情，但开一场最好的音乐会也表达不尽我对您深深的爱。"正是肖邦父母的用心

肖邦雕像

筹划，一步一步帮助肖邦在音乐界站稳了脚跟。父母常常带他听音乐会，把他介绍给知名音乐家，打通他在音乐界的人脉。年仅 10 岁的他就获得了当时如日中天的意大利女高音家安琪莉卡·卡塔拉尼一件珍贵的馈赠——一块美丽的金表。肖邦与启蒙导师茨威尼也逐渐从师生关系变为忘年交，肖邦的水平也日益提高。11 岁的肖邦结束了茨威尼的课程之后，开始跟着华沙音乐学院院长埃尔斯纳学习音乐，以提升自己的能力，此后肖邦进步飞快。尽管他没有听从埃尔斯纳的劝告，去写民族歌剧以迎合社会潮流，但是埃尔斯纳依然以慈父般的关怀促使肖邦走上了正确的职业道路，找到自己为之追求一生的钢琴事业。

13 岁的肖邦顺利考入波兰第一流的中学——华沙公立中学，聪慧的他直接从四年级开始读起。肖邦是一个偏科的学生，他热爱波兰历史和文学而厌恶数学和自然科学。与同龄男孩子一样，肖邦淘气而好动，并没有因为自己小有成就而与同学疏远，反倒跟他们打成一片。肖邦之所以能有此表现，很重要的一个原因是父亲尼古拉·肖邦教育有方。父亲希望儿子出人头地，但当铺天盖地的荣誉袭来的时候，他又时常教育儿子戒骄戒躁。进入中学后，肖邦为了学业中断了公开演出，专心致志地学习文化课并勤勉练琴，这为后来成为职业音乐家奠定了文化基础。在学校里，肖邦成绩不错，活泼开朗，幽默顽皮，虽时常恶作剧但心性善良，乐于助人，在同学中颇有威信。

年少的肖邦在华沙西北的查法尔尼亚村里度过的那个暑假让他获益匪浅。对于从小生活在大城市的肖邦而言，乡村生活为他认识世界打开了新的大门。乡下的波兰民歌也让肖邦在心里种下了爱国主义的种子，培育了肖邦深厚的爱国热情。肖邦第二次去查法尔尼亚村度假的期间还学会了骑马。肖邦回家后，根据自己在乡下学会的犹太祭典歌曲作了即兴创作，作品深受欢迎。肖邦将深厚的感情寄托在音乐中，也寄托在对父母的思念中。他在书信中也提到他很想家，很难过。

由于肖邦体弱多病，总是很消瘦，繁忙的生活很快就让身体吃不消了。1826 年冬，肖邦由于胃黏膜炎而病倒。结束校园生活后，他随着家里的姐妹来到位于西里西亚的雷纳尔茨矿泉疗养地休养。善良的肖邦为一些病友和孤儿组织音乐会义演，前来欣赏的病友挤爆了疗养院的礼堂。

为了开阔视野，学习更多的知识，1830 年 10 月 11 日，肖邦在结束了自己在华沙的最后一场音乐会之后，动身前往维也纳。他在维也纳继续演奏事业，同时也写出了《降 E 大调波洛涅兹》和通俗玛祖卡舞曲六和玛祖卡舞曲七。由于在维也纳的发展并未如预期般顺利，住了近一年后，他来到了浪漫之都巴黎。巴黎成就了肖邦一生中的辉煌，也伴随他走过了最后的时光。

辉煌巅峰

初到巴黎的肖邦是一个意气风发的小伙子，他英俊的外表和出色的音乐才华很快帮助他跻身巴黎的音乐圈。他很少举办大型音乐会，更喜欢在上流人士的小型聚会中演出。

1825 年，肖邦受邀为俄国沙皇演奏，并获得了一枚宝石戒指作为奖赏。肖邦为自己喜欢的歌剧《塞维利亚的理发师》谱写了一首波洛涅兹，并寄给了钢琴家亚历山大·伦比耶林斯基。亚历山大称赞他说：“他弹得比我听过的任何人都好。”到 1830 年，肖邦已经逐渐成了波兰人民心中的爱国象征。他演奏的《f 小调协奏曲》和《波兰民歌幻想曲》在国家大剧院引起了轰动，音乐会评论中不乏这样的评价：“不止一次，这些曲调听起来好像是我们民族和声的愉快的回响。肖邦熟悉我们田野和森林的声响，他听过波兰村民的歌，他把它变为己有，他使同胞的曲调与精湛的技巧在作品中熟练地结合。”①

1831 年肖邦移居巴黎，从此与故乡再无相见之时。彼时的巴黎正处在文化艺术的辉煌时期，是全欧洲的文化艺术中心之一。意气风发的

---

① 海德利，莫·布朗，等. 肖邦传 [M]. 学东，等译. 北京：人民音乐出版社，1987：8.

正在整修的小院

肖邦来到巴黎后才真正开始了他辉煌的艺术生涯，巴黎的风土人情和艺术氛围给了肖邦极大的发展空间。这里繁多的文艺沙龙帮助他结识了诸多文艺界知名人物，包括波兰流亡诗人密茨凯维支、德国诗人海涅、法国画家德拉克洛瓦、意大利音乐家贝利尼等。

19 世纪 30 年代到 40 年代是肖邦艺术创作的黄金时期，这段时期内由于乔治·桑的陪伴，肖邦创作了人生中最重要的一系列作品。由于肖邦的名气与日俱增，各种舞会的邀请也多了起来。肖邦创作了许多充满诗意的钢琴作品，并做了大胆的尝试，包括大部分的练习曲、《降 b 小调钢琴奏鸣曲》《c 小调夜曲》、各种叙事曲及波洛涅兹舞曲等，在欧洲音乐史上留下了光辉的一页。他勤奋授课，作曲不辍，身体超负荷运转，健康状况每况愈下。

随着波兰语报刊的创办、波兰语歌剧的上演，波兰语大辞典也逐渐被编撰出来。在波兰这场民族文化复兴运动大潮中，肖邦的父亲尼古拉·肖邦扮演了一位重要的教育家的角色，他安排话剧排练并组织公演，其爱国热情深深地感染了肖邦。当肖邦成为巴黎的上层阶级的一员时，依然深深地眷恋着波兰故土。流亡巴黎的肖邦深深怀念山河破碎的祖国，渴望民族的独立。在写给巴黎优美艺术部部长的信中，他自称是“一个不能再忍受祖国的悲惨命运而来到巴黎已将近一年的波兰人”。远在异国他乡的肖邦，虽然生活安稳，但是时刻都挂念着祖国波兰。

对波兰人来说，昂扬的爱国热情固然值得赞扬，但是长久以来的种族歧视却不是一朝一夕就能改变的。当时的犹太人处于社会的底层，常常被羞辱和责骂，连最普通的农民都瞧不起他们。自小生活在上层社会的肖邦之前从未接触过犹太人，直到中学时代去乡下过暑假才第一次对犹太人有了初步的认识。

1839 年到 1841 年，肖邦搬到了通什路 5 号，教授钢琴课的学费是他的主要收入来源。尽管一节课二十法郎的学费可谓天价，但是想要得到肖邦指点的人仍然络绎不绝。肖邦授课方式灵活，上课充满热情，他带出的许多学生成了莫舍莱斯、赫尔茨、卡尔克布雷纳等音乐学院的名师。但是由于肖邦把一腔热情全部放在音乐创作上，对生活质量的要求又极高，因此收入时起时落，有时还需要依靠别人的资助才能维持生活，临终前甚至一贫如洗。

肖邦同乔治·桑复杂而亲密的关系，对肖邦的思想、生活产生了深刻的影响。他们从 1838 年同居到 1846 年关系破裂，前后共生活了 8 年。1846 年，肖邦的创作逐渐低迷，仅创作了《g 小调玛祖卡舞曲》等几首曲目。感情的挫败、亲友的去世，致使他身体每况愈下。1849 年肖邦最后一次搬家，搬到了旺多姆广场 12 号。新居采光极好，肖邦的妹妹一家从波兰过来陪伴他。肖邦在临终前回顾一生时说：“我的生活……是一首没有开始

《肖邦之死》

但有悲伤结尾的插曲。”10 月 17 日，一代伟大的音乐家弗雷德里克·肖邦告别人世，去世时他年仅 39 岁。

肖邦和他的妹妹艾米丽一样死于肺结核。肖邦的一生可谓波澜起伏，从波兰到法国，再从华沙到巴黎，他的生活宛如烟火，短暂却绚烂。他一生坎坷，不仅与世人斗争，也与自己斗争。表面上看起来孱弱不堪的身体，却蕴藏着巨大的精神力量。

旺多姆广场的建筑外墙的金属牌上写着“肖邦在此逝世”，以此来纪念肖邦。根据肖邦的遗嘱，他的遗体被解剖，心脏被运回祖国波兰，安葬于圣十字架教堂。他的逝世引发了社会各界的悼念，巴黎的波兰侨民们成群结队前来送行，各界社会名流和艺术家们聚集在葬礼上，肖邦也成为波兰民族坚贞不屈的崇高象征。

情感坎坷

肖邦在华沙音乐学院学习期间，邂逅了他的初恋情人——也是他的同学，美丽的女高音歌唱家康斯坦雅·洛拉特科夫斯卡。那时的他，面对懵懂的爱情是羞涩而胆怯的，不敢向康斯坦雅表白，一直暗恋着她。他心底里一直觉得自己根本配不上这么高贵的女孩子，而且以当时康斯坦雅的魅力，他没有信心能够赢过众多情敌。于是肖邦把心中的情思写进了曲调极尽轻柔的《f 小调第二钢琴协奏曲》和《降 D 大调圆舞曲》。“纵使走遍天涯海角，回波兰你仍能找到爱与友情。谁也比不上家乡人爱你的一片真心。”与肖邦临别之际，康斯坦雅在他的留言册上这样写道。经过多年的努力，肖邦功成名就，一个偶然的机会他再次看到当年的留言册，他在康斯坦雅的留言后又写了一句：“你完全可以比得上。”

1835 年，肖邦看望父母时，遇到了波兰贵族沃德金斯基的女儿玛利亚，两人互相倾慕，深深地爱上了彼此。在德累斯顿，肖邦为玛丽亚写下了《告别圆舞曲》。玛丽亚与康斯坦雅一样是个漂亮的女孩，出身贵族的她举止高雅，富有才华，与肖邦的学识水平不相上下。尽管两个年轻人互相吸引，但和所有身份地位悬殊的情侣一样，他们也遇到了社会和女孩家里人的反对。玛丽亚出身贵族，和肖邦平庸的家世形成鲜明的对比，另外，肖邦的身体弱不禁风，这也让玛丽亚的妈妈打心眼里瞧不起这个男孩。肖邦和玛丽亚的感情也在外界不断的打击下逐渐冷却。1837年，沃德金斯基家族取消了玛丽亚和肖邦的婚约，这给肖邦带来了巨大的打击，加上身体原有的顽疾复发，肖邦一下子病倒了。

这时，一个拯救他的女人出现了。肖邦在李斯特家小型聚会上偶遇了乔治·桑。当时的乔治·桑已经是法兰西著名的浪漫主义和女权主义作家，在文艺界广受欢迎。出生于1804年的乔治·桑比出生于1810年的肖邦大整整6岁，但年龄的差距并不能阻挡两人坠入爱河。实际上，起初肖邦并没有对乔治·桑产生兴趣，不仅仅因为她比他年龄大，而且因为乔治·桑的外貌并不出众。但是乔治·桑身边却不乏追求者，乔治·桑的许多观念走在时代的前列，她倡导女性的主导地位，文字作品清新细腻，拥有大批的忠实读者，因此吸引了许许多多的爱慕者。肖邦在与之相处过程中也逐渐被乔治·桑由内而外散发的魅力折服。乔治·桑就像一个知心大姐姐一样，能够深刻体会到肖邦内心的苦楚，并给予他恰到好处的慰藉。她身上既有传统女性的柔美，也有女权主义者的刚强，既能吟诗作画，又能对时局有深刻的见解，这样一位女性正具有肖邦所需要的特质。肖邦本人孱弱儒雅，多愁善感，对待乔治·桑亦是温柔体贴，随着日益深入的相处，乔治·桑也被肖邦的才情所吸引，两人便相爱了。

肖邦和乔治·桑在一起生活了8年。1839年，两人连同乔治·桑的孩子们一起回到了诺昂庄园，开始了他们温馨浪漫的生活。而肖邦在这种灵魂的碰撞中达到了创作的巅峰。在这段时间里，肖邦完成了由4首玛祖卡组成的作品30号、第二组曲（作品25号）的12首练习曲、2首新的夜曲、壮丽的降b小调谐谑曲2号、降A大调即兴曲，并开始写《24首前奏曲》。马略卡岛的帕尔马亦是肖邦甜蜜爱情的见证者。离开诺昂庄园后，他和乔治·桑搬到了这个位于地中海的小岛上，在

进入故居的大门

修道院的一个小院子里租住了四个月。乔治·桑悉心照料着肖邦孱弱的身体，两人过着与世无争的平凡生活，肖邦的身体也有所好转。马略卡岛至今还保留着他们当时住的房间，摆放着肖邦曾弹过的钢琴。

两人感情破裂也许是因为两人被现实生活的种种琐碎事物消磨了爱情，只剩下乏味和平淡；也许从一开始，他们就是完全不同的两路人。1846年，乔治·桑以及她的孩子们和肖邦之间产生了不可调解的矛盾，乔治·桑和肖邦关系彻底结束。

肖邦至死仍深爱着乔治·桑，但乔治·桑却再也不会回到他身边。临终时肖邦曾对姐姐说“我真想再见她一面”，乔治·桑没有见肖邦最后一面，但听到肖邦的死讯，她再也忍不住，痛哭流涕。肖邦的一生是曲折、传奇的一生。他因自己不凡的音乐成就达到辉煌的顶峰，也因疾病的困扰、爱情之路坎坷而痛苦、迷茫。他是世界级的音乐大师，是波兰的民族英雄，他和他的音乐将永远留存在人们的心中。

（撰稿：庞越）

参考文献

陈乐昌 . 世界历史名人：肖邦 [M]. 天津：新蕾出版社，2000.

海德利，莫·布朗，等 . 肖邦传 [M]. 学东，等译 . 北京：人民音乐出版社，1987.

赫尼克 . 肖邦传 [M]. 黄钰岚，杨楠，译 . 北京：研究出版社，2017.

尼古拉斯 . 欧洲音乐家传记系列：肖邦传 [M]. 路旦俊，王姝，译 . 长沙：湖南文艺出版社，2016.

许庆龙，劳斌 . 世界名人故事丛书：肖邦 [M]. 北京：团结出版社，1996.

约尔登 . 肖邦 [M]. 冷彬，译 . 天津：天津人民出版社，1987.